Bro a Bywyd
Saunders Lewis

Golygydd/Mair Saunders

Cyngor Celfyddydau Cymru 1987

Rhagair

Gofynnodd Mair Saunders imi ysgrifennu gair o ragymadrodd i'r gyfrol hon am ei thad yn y gyfres 'Bro a Bywyd'. Gwnaf hynny'n llawen, nid yn unig oherwydd hen gydnabyddiaeth deuluol a fawr brisir gennyf, ond hefyd am fod y gyfrol yn taflu ffrwd o oleuni ar agweddau ar Saunders Lewis nad ydym fel arfer yn ymwybodol ohonynt. Yr ydym yn gwybod yn iawn amdano fel athrylith o wleidydd, dramodydd, bardd a beirniad llenyddol — gŵr yn wir a newidiodd gwrs hanes Cymru — ond yma fe'i gwelir yn ogystal fel etifedd cenedlaethau o bregethwyr Methodist, bachgen ysgol, myfyriwr, swyddog milwrol, gŵr priod, tad a thaid. Oherwydd greddf Mrs Lewis i gadw pob cofnod teuluol, yn ffotograff ac yn llythyr, gallodd ei merch arlwyo gwledd anghyffredin o flasus ar ein cyfer. Hi fyddai'r cyntaf i bwysleisio nad cofiant mo hwn, ac na all cyfrol fel hon fyth gymryd lle cofiant cyflawn a chytbwys, ond gall serch hynny wneud rhywbeth na all yr un cofiant ei wneud: dwyn cymeriad yn fyw o flaen ein llygaid drwy gyfres o ddelweddau — o luniau — llachar a chyfnewidiol. Dyma gyfiawnhad, petai angen cyfiawnhau, y gyfres a'r gyfrol hon.

R. Geraint Gruffydd

1

1. Saunders Lewis
'Dydw i ddim wedi peidio â gwleidydda o 1925...Mater gwleidyddol yw cadw'r genedl Gymraeg rhag difancoll ac ni all hynny fod yn ddifater gennyf tra byddaf.'

O *Mabon 8*

2

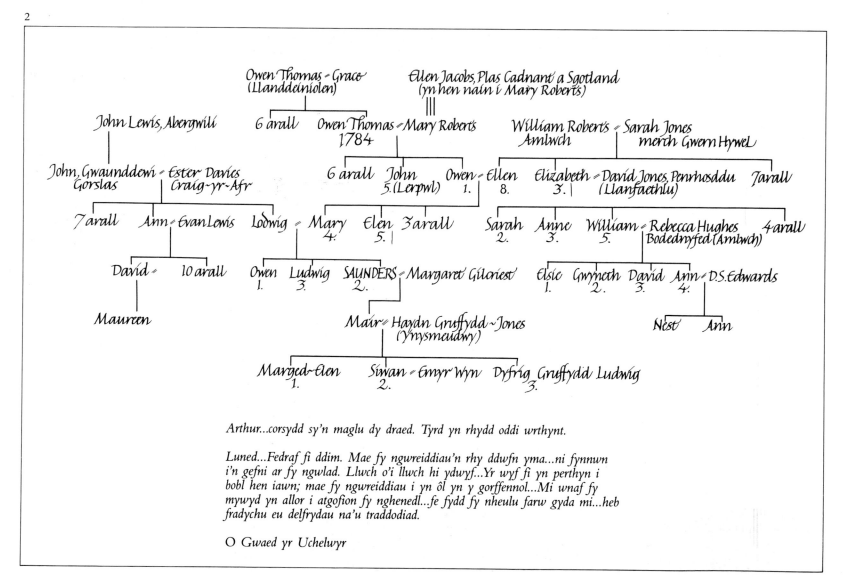

Arthur...corsydd sy'n maglu dy draed. Tyrd yn rhydd oddi wrthynt.

Luned...Fedraf fi ddim. Mae fy ngwreiddiau'n rhy ddwfn yma...ni fynnwn
i'n gefni ar fy ngwlad. Llwch o'i llwch hi ydwyf...Yr wyf fi yn perthyn i
bobl hen iawn; mae fy ngwreiddiau i yn ôl yn y gorffennol...Mi wnaf fy
mywyd yn allor i atgofion fy nghenedl...fe fydd fy nheulu farw gyda mi...heb
fradychu eu delfrydau na'u traddodiad.

O Gwaed yr Uchelwyr

2. Lluniwyd cart achau Owen Thomas a William Roberts o'r cofiannau. Lluniwyd cart achau Lodwig Lewis gan Saunders a'i gyfnither Maureen Davies, Gors-las.

3. William Roberts, Amlwch, 1784—1864, hen daid Saunders.

4. Sarah, 'Merch Gwern Hywel'. Priododd William Roberts 1818.

5. Elizabeth oedd trydedd ferch William Roberts. Priododd David Jones, Penrhos-ddu, Llanfaethlu, nain a thaid i Elsie, Gwyneth ac Ann, Bodednyfed.

6

7

6. Ellen, merch ieuengaf
William Roberts a nain Saunders.

8

7. Dr Hugh Jones, cofiannydd William Roberts.
1977, mewn llythyr at Elsie, Bodednyfed:

'...Yr oeddwn i yn blentyn yn mwynhau pregethu Dr Hugh Jones,
cofiannydd William Roberts, fwy na neb arall o bregethwyr Lerpwl,
oblegid chwarter awr neu ugain munud ar y mwyaf fyddai hyd ei
bregeth ef, a'r lleill gan amlaf yn ddeugain munud neu awr. Ac fe
fyddai ef bob amser pan ddeuai i Liscard Road yn brysio i lawr o'r
pulpud i ysgwyd llaw gydag Anti Ellen a ninnau'r plant. Oherwydd
y Cofiant yr oedd ef megis un o'r teulu.
Fel y cofiaf i ef llais eiddil oedd ganddo, ac anodd i bobl yng
nghefn capel go fawr ei glywed ef. Erbyn hynny yr oedd ei farf a'i
wallt yn wyn a'i farf yn llaes. Ond yr oedd parch go anghyffredin
i'r Dr Hugh Jones.'

Saunders

8. Mary Thomas née Roberts
Ganwyd Mary Roberts ym Mhentre-berw yn 1788. Roedd ei thad,
Robert Roberts, yn ganwr gwych ac yn bencampwr fel chwaraewr
anterliwtiau. Roedd ei mam yn wyres i Ellen Jacobs, Plas Cadnant.
Derbyniai fwynhad dirfawr wrth wrando pregethu. Cerddodd yn ôl
ac ymlaen yn aml o Sir Fôn i Sasiwn Y Bala. Mam Owen a John
Thomas; nain Saunders.

9. Plas Cadnant.
Hen nain Mary Roberts oedd Ellen Jacobs, merch perchennog Plas
Cadnant, Porthaethwy. Yr oedd ei thad yn farchog gyda 'Bonnie
Prince Charlie', a daeth o Sgotland yn 1745 i fyw ym Mhlas
Cadnant. Daeth â choed pîn o'r Alban a'u plannu ger y tŷ. Gŵr
Ellen Jacobs a afradlonodd etifeddiaeth Plas Cadnant. Roedd ei mab
yn swyddog tollau Beaumaris.

10. Dr Owen Thomas 1812—1891. Taid Saunders.
'Yn y flwyddyn 1874 fe gyhoeddwyd *Cofiant John Jones, Talsarn* gan
Owen Thomas. Saif hwn ar ei ben ei hun yn fath hollol newydd o

9

10

gofiant mewn Cymraeg. Yr oedd yn ysgolhaig a'i efrydiau yn bennaf mewn hanesiaeth eglwysig yn gyffredinol, mewn llenyddiaeth Saesneg fodern, gan gynnwys yr haneswyr a'r nofelwyr, ac yn hanes datblygiad Protestaniaeth yng Nghymru...'

Y Cofiant Cymraeg

Llythyr o'r Rhyfel 20/1/1917
My dear Margaret,
   Where have you been examining my ancestry? By all accounts I think you are right that Owen Thomas was a splendid man in many ways and there are many things in which I'd like to imitate him. But his whole attitude and temperament were utterly different from anything I am or ever will be. Auntie worships him and through her I seem to know him as well as though I'd lived with him. I don't think my appearance is so magnificent as his except that he had a jungle instead of hair on his head. I have that also, and it is agony to tear the dry caked Somme out of it.
   Yours,
   Saunders.

11. Ellen, gwraig Owen Thomas, wythfed merch William Roberts, Amlwch, 1831—67, nain Saunders.

12. Mary, ail ferch Owen Thomas, priod Lodwig Lewis, a mam Saunders.

13. Ellen, merch ieuengaf Owen Thomas, a modryb Saunders.

14. Dr John Thomas, brawd Owen Thomas.

15. Cofrestr teulu Owen Thomas.

14

15

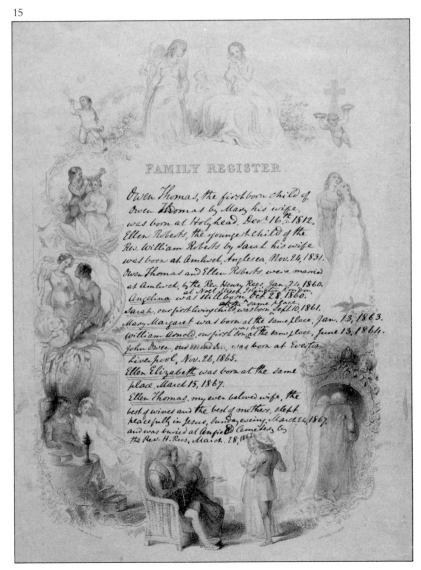

16

16. Tystysgrif briodas Mary a Lodwig Lewis.

17

17. Cofnod o bapur newydd. 'Mary a Lodwig Lewis Ionawr 20fed (1891), yng nghapel Princes Road, Liverpool, gan y Parch. D. Saunders, D.D., Abertawe, yn cael ei gynorthwyo gan y Parch. John Thomas, (ewythr y briodasferch), y Parch. Lodwig Lewis, Aberdulais, ger Castell Nedd, â Mary Margaret, ail ferch y Parch. Owen Thomas, D.D., Liverpool.'

Tynnwyd y llun yn Llundain pan oeddynt ar eu mis mêl.

18.   Mary, merch Owen Thomas, mam Saunders.

19.   Lodwig Lewis, tad Saunders.

'Fy nhad o Sir Gaerfyrddin, ac ma' llawer o'r teulu o gwmpas y sir hyd heddiw — o gwmpas Llan-non a Cross Hands. Fe godwyd fy nhad yn yr Eglwys — Eglwys Loegr y pryd hynny. Fe gafodd fedydd Esgob yn Eglwys Llan-non. Mae beddrodau'r teulu yn y Gors-las heddiw. Teulu fy mam: fe'i ganwyd hi yn Llundain. Fe anwyd fy modryb yn Lerpwl. Ond yr oedd y teulu, teulu Owen Thomas, o Fangor ac o Sir Fôn, ac y mae fy nheulu i yn Sir Fôn heddiw. A gan mai Sir Fôn oedd agosa' i Lerpwl, yno yr oedden ni'n mynd bob haf at y teulu. Petaech chi'n gofyn i mi o ba ran o Gymru 'rydw i'n hanfod, fy ateb naturiol i fyddai, o Sir Fôn.'

Taliesin 2

18

19

20

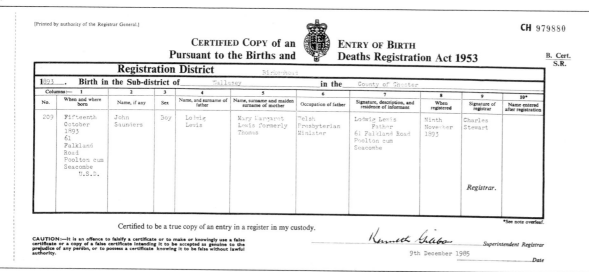

21

[Printed by authority of the Registrar General.]

CH 979880

CERTIFIED COPY of an ENTRY OF BIRTH
Pursuant to the Births and Deaths Registration Act 1953

B. Cert.
S.R.

Registration District					Birkenhead					
1893. Birth in the Sub-district of Wallasey in the County of Chester										
Columns:— 1	2	3	4	5	6	7	8	9	10*	
No.	When and where born	Name, if any	Sex	Name, and surname of father	Name, surname and maiden surname of mother	Occupation of father	Signature, description, and residence of informant	When registered	Signature of registrar	Name entered after registration
209	Fifteenth October 1893 61 Falkland Road Poolton cum Seacombe U.S.D.	John Saunders	Boy	Lodwig Lewis	Mary Margaret Lewis formerly Thomas	Welsh Presbyterian Minister	Lodwig Lewis Father 61 Falkland Road Poolton cum Seacombe	Ninth November 1893	Charles Stewart Registrar.	

Certified to be a true copy of an entry in a register in my custody.

See note overleaf.

CAUTION:—It is an offence to falsify a certificate or to make or knowingly use a false certificate or a copy of a false certificate intending it to be accepted as genuine to the prejudice of any person, or to possess a certificate knowing it to be false without lawful authority.

Kenneth Gibbs _____ Superintendent Registrar

9th December 1985 _____ Date

20.   Tystysgrif geni Saunders.

21.   Wilton Street, Wallasey, y cartref teuluol.

22.   Y teulu cyn marwolaeth mam Saunders.

22

23

24

23.   Y tri brawd, Owen, Ludwig a Saunders.

24.   Lodwig Lewis ar ôl symud yn ôl i Abertawe.
'Ddaw dim byd ohonoch chi nes dowch chi 'nôl at eich gwreiddiau'
meddai 'i dad, Lodwig Lewis.
Taliesin 2

25.   Hysbyseb ar gyfer Liscard High School for Boys lle y bu Saunders yn ddisgybl.

25

26. Tŷ Penrhos-ddu,
Llanfaethlu.

Collodd Saunders ei fam pan
oedd yn blentyn ifanc a daeth ei
Fodryb Ellen o Fôn i ofalu am y
teulu bach yn Lerpwl. Cadwodd
hi a'i neiaint gysylltiad clòs â'r
hen gartref yn Llanfaethlu.
Llythyrau at Elsie a Gwyneth,
Bodednyfed (gorwyresau
William Roberts, Amlwch), 1979.

'Y mae'r cwbl a ddywedwch
wrthyf am Lanfaethlu ac
Amlwch yn bwysig i mi a
gwerthfawr. Yr ydwyf wedi bod
yn meddwl a gofyn i mi fy hun,
pam? Y mae'n go ryfedd. Yr
wyf yn cofio Llanfaethlu yn well
nag y cofiaf y lleoedd y buom
ni'n byw ynddynt yn Wallasey
hyd at y Rhyfel Byd yn 1914...
Cofiaf y mul lliw golau; byddem
ninnau'n cael benthyg y mul i
fynd i lan y môr i ymdrochi a
rhoi'n parseli bwyd a dillad arno.
Byddai yntau bron bob amser
wedi mynd rhyw ganllath yn
gorwedd i lawr yn y lôn ac ni
allem ni blant bychain ei symud.
Wedi sbel hir, a'i demtio efo
glaswellt a brechdan, fe godai'n
sydyn a chytuno i fynd
rhagddo...
Ni allaf gychwyn dweud am y
tai a gofiaf: Brynmaethlu fel
plasdy ar fryn yn yr Eidal; yr
Eglwys ar ochr dde'r ffordd yn
unig ac yn oer, mor wahanol i'r
capel lle roedd gennych chi a
Penrhos-ddu ddwy sêt Sgweiar
sgwâr. Gallaf glywed rwan
swish peisiau sidan tair merch
Penrhos-ddu yn cerdded i fyny'r
capel i'w sêt, a minnau'n cael
agor drws y sêt i'w derbyn. Tua
1901—1910 oedd fy nghyfnod i
bob haf yn Llanfaethlu. 'Rydw
i'n cofio'r amser yr oedd mynd
o Lanfaethlu i Lerpwl yn daith
go fawr i Anti Sara, Penrhos-
ddu. Ac i ninnau fechgyn yr
oedd dychwelyd i Lerpwl gyda
llond basged o fwyar duon yn
arwydd fod yr haf a'i wyliau ar
ben.'

'...David oedd enw eich Taid,
onidê? Yr oedd ef yn ffrindiau
efo'm taid innau, Owen Thomas,
a fyddai'n aros yn fynych ym
Mhenros-ddu pan oedd y *den* yn
siop bwysig. Yr wyf innau'n
cofio'ch taid yn hen ŵr yn ei
gadair ger y tân yn y *dining-room*
a'i gefn at ddrws y *den*. Wedyn,
ac wedi marw Auntie Annie mi
fûm un haf yn aros ym
Mhenros-ddu a chofiaf yn dda
bob bore ar ôl brecwast Auntie
Sara yn codi'r Beibl mawr oddi
ar fwrdd ger y ffenestr (o flaen
y lawnt *croquet*) a'n harwain ni
oll i'r gegin lle'r oedd y forwyn,
ac wrth y bwrdd, bump o
weision wedi gorffen brecwast, a

26

hithau'n rhoi'r Beibl ar y bwrdd
o flaen yr hwsmon iddo gadw
dyletswydd; yntau'n darllen rhan
ac wedyn y cwbl ohonom ar ein
gliniau ar y llawr carreg ac
yntau'n gweddïo. Ef a'm tad
gartre yw'r unig ddau a glywais
i yn fy myw yn "Cadw
Dyletswydd".'

27. Aunties Penrhos-ddu.
Sarah, Anne, Elizabeth,
Margaret.

28. Owen a Saunders ym
Mhenrhos-ddu.

29. Auntie Ellen, chwaer mam
Saunders.

27

28

29

30

Llythyr at Elsie a Gwyneth (Bodednyfed):

'Auntie Ellen ddaru'n clymu ni wrth Llanfaethlu. Pan fu farw fy mam daeth hithau ar gais olaf fy mam i ofalu am y tri ohonom a'n tad. Nid oedd hi, fel fy mam, yn adnabod teulu fy nhad yn Sir Gaerfyrddin, ond hi oedd ffefryn ei thad (Owen Thomas) ac yr oedd Penrhos-ddu ers talwm yn bwysig iawn iddo ef a hi. Pan rois i lythyrau Owen Thomas yn y Llyfrgell Genedlaethol mi gedwais un oddi wrth hi ym Mhenrhos-ddu ato ef. Awst 1886, yr oedd hi'n 19 oed, newydd adael ei hysgol, Bedford College. Mae'r llawysgrif a'r Saesneg yn nodweddiadol, ond papur sgrifennu Penrhos-ddu a'r cyfeiriad coeth hefyd. Dyna sut na ddois i erioed i adnabod teulu fy nhad yn dda iawn; trwyddi hi Owen Thomas a'i frodyr a'i dylwyth oedd ein teulu ni. Bu Mair yma heddiw (Sul 18/3/79). Bydd Mair yn falch iawn o gael llwyau te ei Hen Hen Nain (Merch Gwern Hywel): er nad ydynt ddigon da i'w defnyddio (byddai Anti Sara yn dweud mai plant William Roberts oedd wedi torri eu dannedd arnynt), ond oherwydd eu bod yr unig bethau gymerwyd ganddi o'i chartref pan ddihangodd i briodi. Mae dylanwad Auntie Ellen arni hithau hefyd.'

30. Llwyau arian Gwern Hywel. Y chwe llwy â S.J., enw morwynol gwraig William Roberts, arnynt — yr unig waddol a ddug hi gyda hi pan ddihangodd i briodi.

31

33

32

31. Yn 1911 aeth Saunders yn fyfyriwr i Brifysgol Lerpwl i ddarllen Saesneg.

32. Saunders yn y coleg, Hydref 1914, cyn i'r rhyfel dorri ar draws ei astudiaethau.

33. Yn y Brifysgol cyfarfu â Margaret Gilcriest, trydedd ferch William a Grace Gilcriest. Ganwyd hi yn New Brighton. Daeth ei rhieni o Wicklow, Iwerddon. Aeth i Ysgol y Merched yn New Brighton ac wedyn i Brifysgol Lerpwl lle y cafodd radd mewn Daearyddiaeth yn 1914. Ar ôl Diploma mewn Addysg, cafodd swydd dysgu Daearyddiaeth yn Ysgol Ramadeg Workington o 1915 hyd 1924. Roedd ei hen hen nain ar ochr ei mam yn briod â Nicholas Hopkins (un o Hopcyniaid Ynystawe).

34

34/35. Lt. J.S. Lewis

Llythyr o'r rhyfel, 15 Rhagfyr, 1916.

My dear Margaret,
At present I'm submerged in mud and work. Camp commandant of a camp of 4000 men left in a land that owns no coal, no dry corner, no drinking water and roads long impossible for traffic. It is an exciting business, and yet I like it immensely. I go out after breakfast, take for my lunch a cheese sandwich and watch my roads growing, my stables being built, huts made water-proof, trees felled to provide timber and firewood, pumps built to draw water. It is a satisfactory sort of romance and suggests to me I should enjoy after the war going right out to the wilds of some virgin country and building cities and settlements — and ride home on a wild prairie horse when dusk is advancing like an army on all sides, and the first stars set you wondering who you are, where you are. If I were asked what is my vividest impression in life, I answer the strangeness of it all. It is so strange I still do not know whether all the earth is friendly or hostile, and it never reveals itself.

Yours ever,
Saunders.

35

36. Corps y Swyddogion.

37. Llythyr swyddogol yn llongyfarch y milwr ifanc.

Llythyr o'r rhyfel, Chwefror 1917.

My dear Margaret,
...We are in the front line again. It is as it was before the frost, a sort of jellatinous matter into which you sink waist deep every time you evacuate your dug-out. In this I am told (on fair authority I believe) that we are conducting a war. With whom, it is difficult to tell. If you look long over the rim of a shell-hole, in a great wood some two hundred yards off you may occasionally glimpse a man looking as wet as yourself, but a pipe in his mouth and a curious mediaeval sort of head-gear on him, who perhaps digs, perhaps carries something heavy, but is always furtive as a thief, and never anxious to be seen.
Well, he and the hawks make good game and occasionally one takes a rifle, aims slowly, caresses the trigger-guard, and presses, — and the man either staggers or makes off.
That is war in one phase and not the most picturesque. It has heaps of phases, sometimes the jellatinous matter suddenly hits you hard, you realise that this is the earth you are insulting with your howitzers and field-guns, and its muteness, its greyness and its obscure way still of pushing up a slim grass blade where it can; makes you quiet a moment.
Well, narpoo, write me a decent folio next time, for I've a genuine hunger.

    Yours ever,
    Saunders.

36

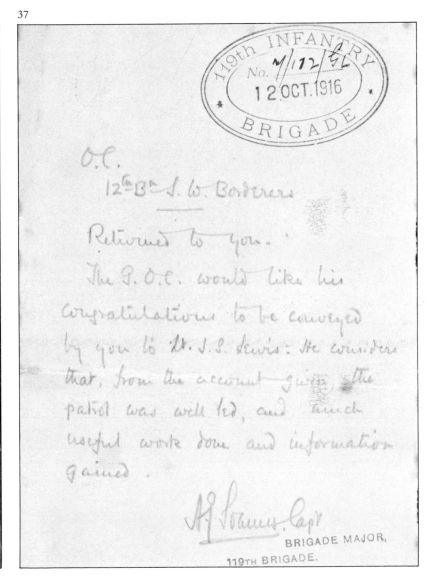

37

O.C.
12ᵗʰ Bⁿ S. W. Borderers

Returned to you.

The B. O. C. would like his congratulations to be conveyed by you to Dr. S. S. Lewis: He considers that, from the account given, the patrol was well led, and much useful work done and information gained.

A.F. Johnson, Capt
BRIGADE MAJOR,
119TH BRIGADE.

38

COSB ANGAU

PATROL

gan Saunders Lewis

20·2·55

YR oeddem yn darllen
hanes y ddadl yn y
senedd ynghylch ddileu cosb
dienyddiad i lofrudd
Offeiriad oedd fy nghyfaill.
Buasai'n far - gyfreithiwr
addawol cyn rhyfel 1914-18.
Wedyn troes at yr Eglwys.
Ebr ef: "Y praw ar
gymhwyster dyn i fod yn
wleidydd o safle yw ei fod yn
barod i ddedfrydu dynion i
farw. Wyddoch chi sut y
dysgais i hynny?

* * *

"Yr oeddwn i'n swyddog
patrôl yn fy mataliwn yn y
Rhyfel Cynta'. Fy ngwaith i
oedd cymryd cwmnïau
bychain o'r bechgyn, sersiant
a thri phreifat gan amlaf,
allan i'r tir neb lliw nos.
"Byddai raid inni groesi'n
gwifrau ni ac wedyn y naill y
tu ôl i'r llall symud ar ein
torrau i gyfeiriad y gelyn,
chwilio am eu patrolau hwy ar
y ffordd a'u gwasgar, neu fynd
ar hyd eu ffrynt hwy ac arch-
wilio cyflwr eu gwifrau pigog,

nodi'r mannau gweinion. a
dwyn adroddiad am gyflwr eu
ffosydd.
"Unwaith, ar ddarn o ffrynt
lle y buasai cyrch ddeuddydd
cynt, yr oeddwn i allan ar
sgawt fel yna gefn nos, ac fe
glywsom swn morthwylio
stwrllyd o flaen ffos yr Ellmyn.
"Nesu wnes i'n nesnes atynt
nes oeddwn i yn y lle a'r man.
Erchais i'm patrôl aros
amdanaf dipyn o'r tu ôl.
Ymgripiais ymlaen ar fy mol
a'm pistol ar annel yn fy llaw.
"Dwsin o fechgyn yr Ellmyn
oedd yno'n trwsio'r adwy, yn
gosod polion newydd i ddal
y gwifrau pigog a'u clymu a'u
sisyrnu a'u plethu. Teirllath
o'r tu blaen iddynt yr oedd
un milwr yn gwylio.
"Cymaint oedd eu swn hwynt
yn curo'r polion a llusgo'r
gwifrau fel y medrais i
ymgripian i bwll magnel bychan
o fewn pedair llath i'r gwyliwr
heb iddo amau dim. Yn wir, yr
oedd eu hyder diniwaid hwynt
oll yn rhyfedd. Yr oedd
amryw'n canu wrth eu gwaith.
"Yr oedd hi'n noson enbyd o

oer. Yr oedd yr Almaenwr
ifanc o wyliwr yn rhynnu.
Dododd ei ddryll ar y llawr
a dechrau chwipio'i freichiau
a stampio'i draed i gynhesu.
Troes ei gefn ataf i edrych ar
y gweithwyr a dweud rhywbeth
wrthynt. Yr oedd y lleuad y
tu cefn imi ac yn disgleirio
arno.
"Yr oedd fy mhistol yn barod.
Erbyn hyn yr oedd rhyw ddwy
lath drwchus o wifren bigog
rhyngddo ef a'i gymdeithion.
Sylweddolais y gallwn yn
ddiogel a sicr ei saethu'n farw.
galw ar fy mhatrôl, a chludo'i
gorff yn sydyn yn ôl i'n ffosydd
ni. Felly y cynlluniais.
"Troes yr Almaenwr ei wyneb

tuag ataf. Ni welai ef ddim.
Aeth tri munud heibio.
Saethais i ddim. Fedrwn i
ddim. Un peth yw lladd â
dryll o bell neu ladd â
bidog yng ngwres brwydro
rhuthrol. Peth arall yw saethu
at fachgen bach hapus a'i
ddryll ar lawr bedair llath
oddi wrthyf.
"Gorffennwyd y gwaith
Galwyd ar y gwyliwr. Llamodd
ef dros y gwifrau a diflannu
i'r ffos gyda'r lleill.
"Llithrais yn ôl at y patrôl.
Anfonais adroddiad i'r Brigâd
fod yr adwy ar y ffrynt wedi
ei thrwsio. ~~Dyna'n noson
dysgais i nad i'r gyfraith nac
i wleidyddiaeth y'm galwyd i"~~

*Fy mhrofiad i fy hun oedd
hwn. Lovely things does rim
llyw o fy... fy... rwan
so lovely Ymake with 82.*

38. Patrol: darn o Hunangofiant o'r *Empire News,* 20 Chwefror
1955; sylwer ar yr ôl-nodyn.

20

39

40

39. Yn 1919 dychwelodd Saunders i Brifysgol Lerpwl i ailafael yn ei waith academaidd a daeth dan ddylanwad yr Athro Oliver Elton, Athro Saesneg Prifysgol Lerpwl.

'Fel tiwtor yr oedd yn chwilio'n eiddgar am arwyddion bywyd, ac ar yr un pryd yn gosod ei wyneb yn erbyn pob gwaith arwynebol a di-hid, yn arbennig unrhyw fethiant i gydnabod dyled i awdurdod. Cydnabu ei fyfyrwyr werth y ddau beth hyn a roddai ef iddynt. Byddent yn cydnabod hefyd les y cyfeillgarwch personol a gynigiai iddynt.'

o'r *Proceedings of the British Academy.*

40. Llythyr oddi wrth yr Athro Elton yn llongyfarch Saunders ar radd Anrhydedd Dosbarth Cyntaf.

THE UNIVERSITY OF LIVERPOOL.

41

42

The Welsh Society. *President*—J. Share Jones, Esq., D.V.Sc., M.Sc., F.R.C.V.S. *Hon. Vice-Presidents*—J. Glyn Davies, Esq., M.A., W. Garmon Jones, Esq., M.A., J. Smeath Thomas, Esq., D.Sc., Rev. D. D. Williams, M.A. *Student President*—G. P. Jones, M.A. *Student Vice-President*—J. Saunders Lewis. *Secretaries*—Miss A. E. Hughes, Miss J. Thomas. *Treasurer*—John Williams. *Committee*—Miss C. Lloyd, R. A. Morton, *Chemists ;* T. L. Davies, G. M. Hughes, *Medicals ;* R. Parry, *Vets ;* and one 1st year representative.

Social and Literary Meetings are held once every three weeks, while the Choral Section of the Society meets every week. Students desiring to maintain an interest in all Welsh matters should give the Society their support. Annual subscription 2s. 6d.

41. Lascelles Abercrombie.

'Torrodd y rhyfel ar fy nghwrs prifysgol, a phan ddychwelais i Brownlow Hill wedi'r rhyfel, yr oedd Lascelles Abercrombie ar staff yr Ysgol Saesneg. Arferwn gwrdd ag ef am ginio canol dydd ym Mwyty'r Orsaf Ganolog weithiau ar ddydd Llun. Yr oedd ganddo drên i'w ddal am bump o'r gloch i Fae Colwyn, lle'r oedd ganddo ddosbarth tiwtorial. Felly o un o'r gloch tan hanner awr wedi pedwar caem ginio canol dydd ac eisteddem ymlaen a siarad...Mae gennyf gof am un o'i ddramâu un act *The End of the World,* yn cael ei hactio gan Repertory Lerpwl. Yr oedd yn farddoniaeth fyw ac yn ddrama gyffrous. Yr oedd angen theatr arno ar gyfer ei farddoniaeth mewn gwirionedd. Yr oedd awydd arno wneud ei lefaru a'i rythmau llefaru yn fyw, yn siarad dramatig tebygol — dylai'r farddoniaeth fod yn egni'r siarad. Y mae ei gymeriadau yn rhoi mwy ohonynt eu hunain ymhob datganiad am eu bod yn siarad mewn barddoniaeth. Dyma beth yr ymdriniem ag ef dros y bwrdd cinio canol dydd yn y Bwyty Canolog'.

o *Dock Leaves.*

42. Llyfryn Myfyrwyr Prifysgol Lerpwl 1919—1920. Y Gymdeithas Gymraeg.

43

Wensted Grassendale Park
Liverpool   July 21. 1921
My dear Lewis
Your play is jolly good
& I hope you'll do
more. I wish they would
play it here — why not?
I mean in the Playhouse.

As to Syngeuess, I
suppose your problem was
different. S. wrote the
English, didn't he, which he
heard from speakers who
were thinking & in Irish; —
fortified, no doubt, by what
he knew of Irish.

I do not understand that

you are giving the Ultra
English you've heard from
speakers thinking in Welsh —
but your own translation of
what you've heard them say
in Welsh: a different thing,
though a pretty & interesting
thing, because (if I'm right)
it is not like what Welsh
people do say when using
English?

Anyhow to my ear the
result — despite an obvious
surface likeness — is not
Synge's English — no doubt
because the original tongue

is different. Hence I don't
see that your English can be
charged with being unoriginal.
In one sense it is over-original;
but it is attractive. (Perhaps I
have got this all wrong).

Miss Yeats told me that
her Irish embroiderers from
the mountains talk an English
just as figured as Synge's
people & rather like it.

I have a play somewhere
on St John's Eve in German,
Sudermann's Johannesfeuer,
1900, but tragic & high-
pitched.   I like your
cheerful ending.   Yours faithfully
                        O Elton

43. Llythyr oddi wrth yr Athro Elton, Gorffennaf 1921, yn sôn am
y ddrama *Eve of St. John* ac ati.

44

44.   Y *Lennox Players* yn *The Eve of St. John*, Glasgow.

Characters in the Lennox Players' performance at Bonhill: Megan Morris (Miss Gertie Edwards), Harri Richards (Mr Andrew Graham), Sara Morris (Miss May Edwards), *and the Tramp* (Mr Richan Drever).

'*The Eve of St. John* oedd fy nrama gyntaf, a hyd yn hyn fy olaf yn Saesneg. Ni allwn fodloni ar ei ynganiad a datrysais y pwnc trwy droi at y Gymraeg a dysgu ei hysgrifennu. Dyna'r peth rhesymol i'w wneud. Oni ddywedodd rhywun fod rhesymeg yn beth diawledig yn wir?'

Dock Leaves, Gaeaf 1955

45.   Llun o Saunders pan benodwyd ef yn llyfrgellydd gwledig Sir Forgannwg fis Mai 1921. Mewn llythyr at Margaret Gilcriest yn cyhoeddi'r newydd, dywedodd *'Do you know Margaret, I've never in my life met a luckier man than myself?'*

46.   10 Hamilton Street, Canton, Caerdydd, lle yr oedd Saunders yn byw tra gweithiai yn Llyfrgell y Sir, Pen-y-bont. Yma yr ysgrifennodd *Gwaed yr Uchelwyr.*

47.   Gwahoddiad gan yr Athro W.J. Gruffydd i ddarlithio yng Ngholeg y Brifysgol, Caerdydd.

48.   Llythyr gan yr Athro W.J. Gruffydd yn cymeradwyo Saunders Lewis ar gyfer swydd Darlithydd Cynorthwyol yng Ngholeg y Brifysgol, Abertawe, 1922.

45

Mr. J. Saunders Lewis, of Swansea, and formerly of Aberystwyth, who was on Tuesday at Cardiff appointed by the Glamorgan County Education Committee director of rural libraries in Glamorgan under the Carnegie scheme.

46

47

UNIVERSITY COLLEGE
OF SOUTH WALES AND MONMOUTHSHIRE.

COLEG PRIFATHROFAOL
DEHEUDIR CYMRU A MYNWY.

WCW.

TELEPHONE No. 340.

CATHAYS PARK,

CARDIFF.

In reply please quote ....

June 28, 1922.

Dear Sir,

The Faculty of Arts of this College have
directed me to request you to honour us with a
lecture or lectures in connection with the General
Course of this College, on any subject which you
may yourself choose.   The General Course is a
course of general reading and practically no subject
is outside its scope.   The Faculty thinks it is
highly desirable that Scholars outside the College
as well as the actual Professors and Lecturers
should be invited to address the students.   This
is a new experiment, and as far as I know quite
original to the College at Cardiff and I hope, there-
fore, that you will kindly accede to our request and
inform me what Mondays or Fridays at 5 p.m. during
the next term or the following term would suit you.
The dates of the commencement and ending of the
Michaelmas and Lent Terms are October 3 to December 15,
and January 9 to March 23.

Yours faithfully,

Dean of the Faculty of Arts.

Saunders Lewis Esq.

48a

University College, of South Wales & Mon.

Cardiff.

July 20 1922

Mr Saunders Lewis M.A. informs me that he is
a candidate for the assistant lectureship in Welsh
at the University College, Swansea, and I welcome
the opportunity of expressing my opinion of
his qualifications for such a post. I have no
hesitation in stating that I consider
that Mr Lewis is among the very foremost of
Welsh scholars, and that in his own particular
branch of learning he easily leads. His
general culture and sense of the organic
wholeness of life as expressed in literature,
his understanding of the mentality of other
nationalities, especially France, and his
our artistic gifts combine to
make an ideal teacher of Welsh

48b

49

literature, the college at *and Swansea will be doubly fortunate in securing his services at this early and formative period of its history.*

[handwritten text]

M.A. Oxon. Professor of Celtic at the University College of South Wales and Mon. Dean of the Faculty of Arts.

49. Yr Athro A.R. Richardson a'i wraig ar eu llong hwyliau. Ef oedd Athro Mathemateg Coleg y Brifysgol yn Abertawe ac yn ôl llythyr gan Saunders at Margaret Gilcriest, 18 Rhagfyr, 1923,

'easily the most lovable character on out staff — the real English gentleman and soldier'.

50. Staff Coleg y Brifysgol, Abertawe, yn 1926. (Y mae Saunders ar y chwith yn y rheng ôl, a'r Athro Henry Lewis yr ail o'r dde yn y rheng flaen).
Rhes gefn: J. Saunders Lewis, E.A. Keeping, T.K. Rees, R.G. Isaacs, J.C. Arrowsmith, L.B. Pfeil, J.S. Caswell, H. Hill, P.Dienes, P.S. Thomas, Alun Stuart, Idwal Jones, Thomas Taig, G.M.A. Grube, J.A.V. Butler, L. Wright, R. Wilson.
Rhes Ganol: L.E. Hirkel, A.L. Norbury, A.A. Fordham, W. Morris-Jones, Miss Ethel Martin, Miss G. Jones, Miss I.M. Westcott, Miss Phyllis Jones, Miss Nesta Jones, Miss O.M. Busby, C.A. Edwards, Y Prifathro Edwin Drew, Miss D. Bliss, Miss D.M. Williams, Miss I.A.F. Hinton, Miss E.M. Pool, Miss Evelyn Matthews, Mlle. Y. Marec, A.E. Trueman, A. Hanson, E.E. Ayling.
Rhes Flaen: F. Bacon, A.E. Heath, E.J. Evans, E.E. Hughes, J.E. Coates, F.A. Mockeridge, D. Emrys Evans, W.D. Thomas, A.R. Richardson, Henry Lewis, F.A. Cavenagh.

50

51

52

53

51. Saunders, 1924.

52. Margaret, 1924.

53. Yr eglwys yn Workington, 1924. Dyma'r eglwys lle y priododd Saunders a Margaret.

54. Tystysgrif priodas Saunders a Margaret.

54

55. 9 St. Peter's Road, Newton, Mumbles, y cartref cyntaf.

56. St. Peter's Road heddiw.

'Peth ar ei ben ei hun yw stryd mewn maestref o'r dosbarth canol. Ffurfir ei chymeriad a rheolir ei bywyd cymdeithasol yn llwyr gan ferched. O naw y bore hyd at chwech yr hwyr eu gweision hwy — cenhadon y siopau, y postmon gyda'i god, y curad a'r gweinidog ar eu cylch, swyddogion lifrai y cwmni nwy a thrydan, — yw'r unig wŷr a welir yno. Gan ferched y llunnir holl gysylltiadau personol y tai â'i gilydd; hwynt — hwy drwy gynnig neu wrthod eu 'bore da' a'u 'nawn da' a benderfyna safle gymdeithasol pob teulu.'

Monica

'Achos y pethau hyn yw ein dull annaturiol ni yn y dosbarth canol o fyw. Ein syniad ni am briodas yw cymryd mab a merch o ganol tylwyth a'u hunigo hwynt, bob cwpl dibrofiad ar eu pennau eu hunain, i weithio allan ar siawns eu hiachawdwriaeth briodasol. A gwae'r pâr ifanc a wna siarad amdanynt. Rhaid i bob tyaid ohonom gadw'r caead yn dynn ar ei grochan berw ei hun, nes ein gyrru ni weithiau i ffrwydro. Mi fydda' i'n meddwl bod bywyd gwerin y slymiau, hanner dwsin o deuluoedd yn llenwi tŷ ac yn cymysgu eu helbulon blith draphlith â'i gilydd, yn fwy normal a dynol na'n rhesi ni o uffernau twt, pob un a'i gardd flodau o'i blaen.'

Geiriau Ned Rhosser, yn *Monica*.

57

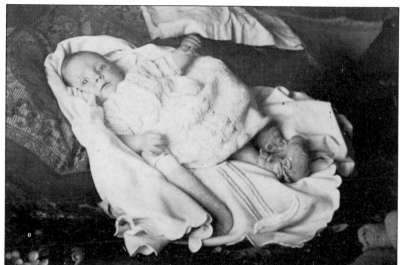

58

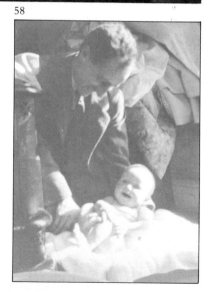

59

57. Mair.

58. Saunders a'r babi.

59. Margaret a'r babi.

'Dyw dicter tad ond cafod:
Egyr y blodau eto yn eich llygaid llaith,
Pa unig ferch na fedro drafod
a throi ei thad o gwmpas ei bys bach yn faith?
'Dyw dicter tad ond cafod.

Serch yw'r Doctor

60

61

60/61/62.   Saunders a Mair.

Fy merch, fy nghabaits bach, paham
na ddoi di ataf fel at dy fam?...
...Ti wyddost mai siampaen i mi
yw sbonc a dawns dy lygaid di,
a gwell na gwin, fy noli fwyn,
yw denu gwên o dan dy drwyn.
O dywed wrth dy dirion dad
beth yw dy boen, fy nhurtur fad!

Serch yw'r Doctor

62

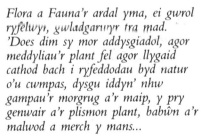

Flora a Fauna'r ardal yma, ei gwrol
ryfelwyr, gwladgarwyr tra mad.
'Does dim sy mor addysgiadol, agor
meddyliau'r plant fel agor llygaid
cathod bach i ryfeddodau byd natur
o'u cwmpas, dysgu iddyn' nhw
gampau'r morgrug a'r maip, y pry
genwair a'r plismon plant, babŵn a'r
malwod a merch y mans...

Eisteddfod Bodran

63

64

63/64. Saunders a Mair.

...Brecwast hollol normal. Y brecwast
Cymreig cyffredin. Run fath â
phawb arall yng Nghymru. Y
brecwast Cymreig cyffredin! Ydy pob
dyn byw yng Nghymru yn bwyta'r
un peth rhwng codi o'i wely a mynd
allan y bore? Rhywbeth go
debyg...Be gynta?
U-W-D! U-W-D! Mae'r enw fel
sŵn dyn yn taflu i fyny:
U-W-D! Pwy fyth fedrai garu, caru
a phlatiad o u-w-d fel chwydfa ci yn
cyniweirio drwy berfeddion ei fola!

Problemau Prifysgol

Llygad y Dydd yn Ebrill

Ddoe gwelais lygad y dydd
fel drych harddwych y wawrddydd;
echdoe dibris y troediwn,
a doe gweld. Daed y gwn
egni nwyd gwanwyn a'i aidd
yn creu ei swllt cristialltaidd,
angerdd celfyddyd gweungors,
rhuddem a gem yn y gors.
Y cae lle y canai cog
Ebrill aeth yn Llwybr Llaethog;
troes y ffurfafen benben,
miliynau heuliau y nen
yn is sawdl a osodwyd
i euro lawnt daear lwyd;
Orïon ar y bronnydd
Arctwros a Seirios sydd,
gleiniau tân gloynnod Duw,
yn sêr effro seraffryw
ar las wybren ysblennydd.
Doe gwelais lygad y dydd.

65

66. Miss Sydney Odling.
Saunders a Mair y tu allan i'r eglwys yn Reynoldston. Miss Odling oedd morwyn briodas Margaret.

65. Traeth y Tri Chlogwyn, Penrhyn Gŵyr.
Llythyr oddi wrth Saunders at Margaret ym mis Mawrth 1924:

'After tea this evening I took a bus to Mumbles and then walked along the cliffs to Langland. The sea was in full tide and the twilight of the Gower coastline was very beautiful. There is much that you will like around Swansea. The winter is when I like the coast best; the wild bitter night on the cliffs, and there are no people about. In Summer Gower is choked with trippers, and they spoil it entirely.'

66. Miss Sydney Odling.
Saunders a Mair y tu allan i'r eglwys yn Reynoldston. Miss Odling oedd morwyn briodas Margaret.

67

68

67/68/69/70/71. Bywyd y teulu.

'*Mi ddois i â gêm arall gyda mi neithiwr, y dabler. Dyma'r bwrdd a'r draffts a'r dis...Wn i ddim am y dabler...A tithau'n artist. Backgammon yn iaith y Pacistani. Y gêm orau o bob un am fetio i ddau. Mae'n well na poker...Wn i ddim am y gêm. Pa siawns sy gen i i ennill? Gêm o siawns ydy hi, yn union fel byw. Mi all dysgwr ennill wrth ddysgu...Pymtheg darn draffts fel yma bob un...Dau yng nghartre'r gelyn, wedyn pump gyferbyn â phump fel yma ar y chwech a'r deuddeg, tri gyferbyn â thri...Dyna'r bwrdd yn barod i'r dis.*'

Cell y Grog

Mi fyddai Saunders a Mair yn chwarae'r dabler am oriau, yr enillydd yn cael ceiniog y tro.

69

70

71

72

'A dywedodd fy nhad, dyma'r byd a wyddom yn darfod,
Darfod hir hwyl yr haul,
Darfod sefydlogrwydd,
Darfod y naddu meini i'r tai parhaol,
Darfod diddarfod ganrifoedd Rhufain a'i heddwch;
Ac wylodd fy nhad...'

Buchedd Garmon

72. Ar y balconi, 9 St. Peter's Road.

73

74

75

73/74/75.   Wythnos yn Weblai.

1930.
'Bûm yn Lloegr yr haf hwn, y Lloegr sy'n peri i galon llawer Sais guro'n gyflymach, sef yn un o "hen drefi euraid" Sir Henffordd, sy'n aros yn dawel ddiarffordd, yn un o emau gwareiddiad Seisnig. Tref hynafol yw Weblai. Y mae ei thair stryd yn noddfa i baentwyr a hudir yno gan y tai du a gwyn gyda'u toiau gwellt. Ac y mae yno westy...Ceir yno fwyd pur, syml, cig o'r ardal, llysiau o'r ardd, ffrwythau ffres a hufen, a seidr o afalau Henffordd... Cysgasom dan drawstiau a lathrwyd gan ganrifoedd.'

Canlyn Arthur

76

77

78

77. H.R. Jones

'Apwyntiwyd H.R. Jones, Deiniolen, yn drefnydd y Blaid i roi ei holl amser i wasanaeth y Blaid, o fis Hydref 1926...Y mae anrhydedd Cymru ac unig obaith dyfodol Cymru yn dibynnu ar Mr H.R. Jones a'r gefnogaeth a gaiff ef gan bob un ohonom ni.'

Y Ddraig Goch, Hydref 1926

78. Moses Griffith, Trysorydd cyntaf y Blaid.

76. Yr ystafell lle ffurfiwyd y Blaid. Chwech oedd yn bresennol yn y cyfarfod yn y Maes, Pwllheli: Lewis Valentine, Moses Griffith, H.R. Jones, Saunders, Fred Jones a D.E. Williams (Groeslon).

'Sefydlwyd Plaid Genedlaethol Cymru ar brynhawn Mawrth yn 1925, yn ystod Eisteddfod Genedlaethol, Pwllheli, gyda'r amcan pendant o ddwyn i Gymru, yng nghyflawnder yr amser, Hunan-Lywodraeth a'i Senedd ei hun, ynghyd â holl freintiau cydnabyddedig cenedl rydd.'

o'r *Ddraig Goch,* Medi 1926

79

80a

YR YSGOL HAF.

Cynhaliwyd Ysgol Haf y Blaid ym Machynlleth, Awst 23ain hyd Awst 28ain. Gan mai dyma gynnig cyntaf y Blaid at ysgol o'r fath, edrychid ymlaen yn bryderus at ei gweled. Ond siomwyd pawb ar yr ochr orau. Yr oedd yr Ysgol yn llwyddiant digamsyniol, ac os medr y Blaid ymfalchio mewn cystal gwaith yn nechreu ei gyrfa, credwn yn sicr y bydd iddi hanes godidog eto yn nes ymlaen.

Y Llywydd.

Yn ystod yr wythnos cafwyd cyfarfodydd o aelodau'r Blaid ac amryw gyfarfodydd o'r Pwyllgor Gwaith. Derbyniwyd ymddiswyddiad y Parch. L. E. Valentine, a dewiswyd Mr. Saunders Lewis, M.A., Abertawe, yn Llywydd am y flwyddyn, a hynny gydag unfrydedd llwyr.

Y Pwyllgor Gwaith.

Penderfynwyd yn y cyfarfod o aelodau'r Blaid i wneuthur pwyllgor o wyth gyda'r gallu ganddynt hwy i benodi pedwar yn rhagor atynt yn bwyllgor gwaith. Dyma aelodau pwyllgor gwaith cyflawn y Blaid fel y penderfynwyd arno ym Machynlleth : Mr. Saunders Lewis (Llywydd) ; Mr. Moses Gruffydd (Trysorydd) ; Y Trefnydd ; Miss Kate Roberts ; Miss Mai Roberts ; y Parchedigion L. E. Valentine, Fred Jones a Dyfnallt Owen ; y Mri. D. J. Williams, B. B. Thomas, Prosser Rhys ac Iorwerth C. Peate.

Y "Ddraig Goch."

Dewiswyd Mr. Saunders Lewis, M.A., Mr. Iorwerth C. Peate, M.A., a Mr. Prosser Rhys i fod yn Olygyddion y "DDRAIG GOCH."

Trefnydd.

Penderfynwyd dewis Trefnydd cyflogedig i'r Blaid i fyw yn Aberystwyth. Cyflog £300. Diolchwyd i Mr. H. R. Jones am ei waith dihafal fel Trefnydd di-gyflog, a chynhigiwyd y swydd iddo. Y mae Mr. Jones wedi derbyn y swydd, erbyn hyn.

80b

81

79   Ysgol Haf y Blaid: yn y llun gwelir Gwenallt, Morris Williams, Lewis Valentine, Jack Daniel, Kate Roberts, Beooie Jones, J.E. Jones, Ellis D. Jones, D.J. Williams, Elwyn Roberts.

80a/b. Ysgol Haf Machynlleth, 13—18 Awst, 1926.

Mehefin 1926
'Pan gychwynnom fudiad politicaidd newydd, peth da yw bod yn sicr o'n seiliau. Er mwyn hynny y bwriada'r Blaid Genedlaethol Gymreig gynnal Ysgol Haf fis Awst. Er mwyn hynny hefyd y sefydlwyd y cylchgrawn hwn, a rydd inni gyfle i draethu am egwyddorion ein plaid ac i egluro'n dyheadau a'n hathrawiaeth.'
S.L.

81. Tynnwyd y llun gan Dr Gwent Jones.

82a

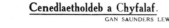

Cenedlaetholdeb a Chyfalaf.
GAN SAUNDERS LEWIS

Y Ddraig Goch

Organ Plaid Genedlaethol Cymru.

CYF. 1.   RHIF 1   MEHEFIN 1926.   PRIS DWY GEINIOG.

AMCANION Y "DDRAIG GOCH."
Can W. A. BEBB.

82.   Ambrose Bebb, Golygydd y Ddraig Goch.

'Y mae'r Mudiad Cenedlaethol yn lledu ac yn cryfhau. Y mae'r
Ddraig Goch ar unwaith yn arwydd o hynny ac yn brawf. Hwn
ydyw'r rhifyn cyntaf ohoni fel cylchgrawn arbennig... Fel Cymry,
mynnwn mai Cymru ein bro fechan ni ydyw'r sefydliad santaidd
inni. Iddi hi y ganed ni, ac ynddi y tyfasom.
Aeth chwarter canrif heibio a rhoi ei llwch
ar hwyl Machynlleth, tân llanc o'r Sorbonne;
mud yw pesychu H.R., ond ei Ddraig Goch
a ddyry eto i'r ifanc gychwyn tân tan fron.'

82b

83

84

83. Ar lan y môr yn Aberystwyth, 20 Ebrill 1927. Prosser Rhys, Kate Roberts, Saunders, Mai Roberts a Jack Edwards.

Prosser Rhys:
'...Un o feirdd gwlad Ceredigion. Hoffai ef eisteddfodau Ceredigion. Bu'n ffyddlon a charedig iddynt hyd y diwedd. Yno nid oedd yn swil. Yr oedd yn ei gynefin ac yn nhraddodiad ei gynefin, a synnai'r dieithryn at ei hwyl a'i bendantrwydd a'i hyder sicr a chartrefol.'

Ysgrifau Dydd Mercher

84. Jack Daniel a Saunders — Ysgol Haf y Blaid, Llandeilo, 1928.

85.　Paris, 1933
Paentiwr Y Lapin Agile

Daeth dan swyn llenyddiaeth a diwylliant Ffrainc ac achubai bob cyfle i ymweld â'r wlad.

'Sefais innau i wylio'r paentiwr wrth ei dasg. Yr oedd darlun oel o'r Lapin Agile a Stryd yr Helyg yn agos at ei gwplâu ar yr isl, ac yntau'n gweithio â'i frws yn ei law ddeau a'i liwfwrdd yn y chwith. "Yr ydych yn deall eich crefft."'

Heddiw, Cyfrol 6.

86.　Ar lan Loire, 1931. Saunders, P.M. Jones a'r Tad William Rees ar lan Loire, 22 Awst, 1931, yn Sancerre. Yn ôl llythyr a gafodd fy mam, roedd Stephen J. Williams i fod yno hefyd.

86

85

87.　P.M. Jones gartref yn St. Peter's Road.

Un o bleserau mawr bywyd oedd rhannu pryd o fwyd a gwin dethol â chyfeillion.

'Yr oedd P.M. Jones yn un o fawrion byd y prifysgolion yn holl wledydd Prydain ac yn Ffrainc. Gadawodd ei argraff ar fywyd cymdeithasol colegau Caerdydd a Bangor...Byddai dianc o burdanau tai lojin yn codi ei galon fel llam ehedydd i'r glesni. Roedd hi'n haul ar fryn, bwyd a llyn yn nectar Olumpaidd bêr. Mae gennyf gofnodion byr am ambell ginio: 20/12/1931 yr oedd P.M. yn aros gyda ni yn Abertawe. Buasai Margaret yn brysur drwy'r prynhawn tra oedd ein gwestai ar ei wely. Daeth yntau i lawr yn llawn afiaith i swper. Bwytawyd cyw iâr rhost a oedd yn rhodd dymhorol oddi wrth Mrs Moses Griffith, wedyn halogan wedi araf ferwi mewn gwlych; cws Stilton ar ei hôl. Potel o win Pomerol 1917 gyda'r caws ac wedyn eirin gwlanog o Ddeau'r Affrig a hanner potel o Chateau Yquem 1923 gyda'r eirin. Coffi a'r Cognac i gloi a P.M. yn ei hwyliau gorau yn dweud hen hanesion am ei deithiau gyda Verhaeren a'i ymweliad ag André Gide.'
Taliesin, cyfrol 16

87

88

88. Hospices de Beaune,
Awst, 1928. Daeth newid yn ei agwedd at y rhyfel.

'Yr wyf yn ysgrifennu'r nodiadau hyn mewn caffe bychan tlws ar ben craig goruwch yr afon Loire yng nghanol Ffrainc. Yr wyf newydd orchymyn fy nghinio, a gwelaf fab y tŷ, a genwair anferth yn ei law, yn disgyn at lan yr afon i'w ddal. Gwibia gwenoliaid dros wyneb yr afon gan bigo gwybed oddi ar y tonnau bychain, heulog. Yn y pellter gwelaf winllanoedd trefnus, ac yn nes ataf — o fewn cyrraedd fy llaw — y mae peth o'u cyfoeth dihafal. Pa fodd yma yr agoraf i fy mhac a chwilio colofnau'r Faner a'r Genedl a'r Western Mail a'r South Wales News? Hynny ysywaeth sy'n rhaid. Maddeued y darllenydd imi oni bydd min ar fy sylwadau...Yr wyf yma mewn gwlad lle y claddwyd miloedd o fechgyn gorau Cymru a roes eu bywydau dros Loegr yn y rhyfel mawr. Tlodwyd Cymru'n ddifrifol gan y rhyfel hwnnw. Aberthodd ei chwbl er mwyn Lloegr ac ar alwad Lloegr...a gwobr Cymru yw cael tri chwarter awr o sylw Gweinidog y Llywodraeth yn Nhŷ'r Cyffredin...Deued yr holl aelodau Cymreig allan o Dŷ'r Cyffredin yn un corff. Dyna'r unig beth anrhydeddus. Dyna'r unig beth effeithiol...Yr ydym yn enw Cymru yn galw arnynt ddyfod allan o Barliament y Sais a honni hawl Cymru i'w llywodraeth ei hun. Ond ni wnânt hynny am mai eilbeth ganddynt yw eu gwlad.'

Y Ddraig Goch
Awst, 1928

89a

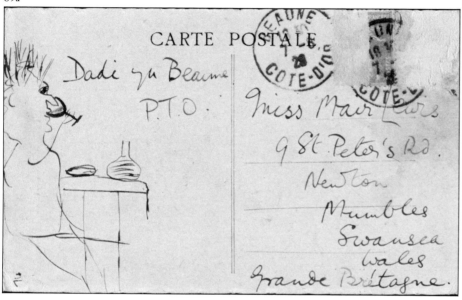

89b

89. *Cellar.* Anfonwyd y cerdyn post gan Saunders at Mair fis Awst 1928 o Beaune.

90

Son am Ysbwng

Sef 7 Mawrth 1953

gan Saunders Lewis

Eleni *y* mae'r "World Natural Sponge Suppliers Limited" yn hanner cant oed. Bu'r cyfarfod blynyddcl yr wythnos diwethaf. Ym mhle? Ym Mhontypridd.

Darllenais anerchiad y cadeirydd. Yr oedd ganddo hanes am Athen ac Aigina.

Athen a Phontypridd! Wel, byth o'r fan, pwy feddyliai? Ond sôn am ysbwng. . .

✳

Er mwyn dianc rhag gwres Athen aethom ein dau yr haf hwnnw i aros mewn gwesty ar draeth Phaleron. Un noson, ar ôl cinio, penderfynu mynd i'r theatr.

Yr oedd hi'n noson loorgan tua'r deg ar gloch. Gellid gweld ynys Salamis dros y môr. Cerdded ger y tonnau murmurus nes dyfod at y theatr fach awyr-agored. Eisteddasom wrth un o'r byrddau a chael diod i aros tan na ddechreuai'r chwarae.

Daeth ynyswr heibio a symud o fwrdd i fwrdd gan bedlera ysbyngau. Yr oedd ganddo un ysbwng o faint a llun pêl droed Seisnig. 'Faint yw hwnna? gofynnais innau.

am

Mil drachma, atebodd y pedler dan wenu'n hyderus. Ysgydwais fy mhen. Aeth yntau at y bwrdd nesaf.

Cododd y llen ar y llwyfan. Dechreuodd y byrddau lenwi. Gwerthid coffi ac absinth drwy gydol y perfformiad a deuai'r gwerthwyr a'r cardoteion heibio. Rhoddid y darn caws a geid gyda'r absinth i'r cardoteion. Daeth yr ysbwng, heibio yn ei dro ac yn rheolaidd: *Naw can drachma?* 'Chododd ynys Aigina 'rioed ysbwng mwy na hwn.

Ysgydwais fy mhen. Sais oedd y rog mileinig yn y feloddrama ar y llwyfan. Syniad y ddrama Roeg am Sais oedd fod ganddo gi'dddannedd morgi yn lle dannedd dynol dan ei fwstas, a ffon falaca dan ei gesail. Aeth chwarter awr heibio:

Wyth gan drachma? Ond yr oedd fy sylw ar dynged y Sais

danheddog. Ai ef a enillai drwy drais y Roeges fach ddiniwea? Saith gan drachma?

Rhwng canol nos ac un yr oedd y Sais druan yn tynnu at ei dranc twm-o'r-nantaidd. Synnais fod y ddrama werin yng Ngroeg yn 1919 mor foesol bob dim ag Aischulos; a'i moesau weithiau fel anterliwd Gymraeg.

Tri chan drachma? Edrychais heibio iddo, yn dalog ddifater.

Disgynnodd y llen am y tro olaf. Buasai'r Sais farw, a hynny er bod Cystennin ar ffo yn y Swistir a Veniselos yn ben ar ei wlad. Parhai'r gynulleidfa hamddenol i yfed coffi ac absinth. Prin fod neb wedi sylwi fod y ddrama ar ben. Yr oedd hi'n ddau ar gloch y bore. Can drachma, can drachma, syr? 'Chefais i na swper na gwydraid o absinth er pen bore ddoe. Rhaid i bedler fyw. Can drachma? Ni allai Phontypridd ei hunan gynnig dim gwell. Mae'r ysbwng gennyf heddiw. Mae ar bawb ei ofn yn y bath. Nid yw'n symud ei le ond pan fyddwn yn newid tŷ. Yna bydd yn teithio mewn pantecnicon.

2·1·55.

91

91.   Gwernllwyn House, Dowlais
Ceisiodd Saunders a'i gyfeillion leddfu
ychydig ar ddioddefaint y gweithwyr
yng nghymoedd y De yn ystod y
Dirwasgiad.

Yn Nowlais
'Y mae'r Clwb i'r Diwaith yn
Gwernllwyn House, Dowlais, yn trefnu i
baratoi cinio da; am bob chwecheiniog
yr wythnos a geir trwy'r Clwb Cinio
Difiau, rhoddir yn Gwernllwyn House
ginio ar ddydd Iau i aelod o deulu
diwaith.'

92.   Clwb Difiau.

Mae'r tramwe'n dringo o Ferthyr i Ddowlais,
Llysnafedd malwoden ar domen slag;
Yma bu unwaith Gymru, ac yn awr
Adfeilion sinemâu a glaw ar dipiau di-dwf;
Caeodd y ponwyr eu drysau; clercod y pegio
Yw pendefigion y paith;
Llygrodd pob cnawd ei ffordd ar wyneb daear.

Y Dilyw 1939

92

GWAHODDEDIGION Y CLWB DIFIAU

GWELIR trwy gyfrwng y darlun hwn, agwedd arall ar gariad, aberth a gweithgarwch ein Llywydd, Mr. Saunders Lewis a'r Blaid Genedlaethol. Mynnwn ar waethaf Llywodraeth estron Lloegr, ddwyn gobaith newydd i'r diwaith yng Nghymru. Da a chyfiawn protestio ohonom yn erbyn darpariaeth greulon y Llywodraeth i'r diwaith, ond ni ellir aros ar hynny yn unig. Y brotest effeithiolaf fydd dangos yn eglur a phendant bod cydwybod orau Cymru yn gwrthod plygu'n wasaidd i'r drefn, ac na fynnwn gydnabod y safon byw gwaradwyddus a orfodir ar y diwaith yn ein gwlad.

Fe rwystra cynllun "Clwb Cinio Difiau" Llywodraeth Lloegr rhag honni bod ei darpariaeth hi yn foddhaol a digonol i'r diwaith.

Ceisiwn estyn terfynnau y cynllun hwn trwy Gymru gyfan, ac nid oes ond un rhwystr yn unig, sef diffyg arian. Apeliwn yn enw aberth ein tri gwron, yn enw angen y diwaith, ac yn enw ein anrhydedd ein hunain a'n dyletswydd tuag at ein Cydfrodyr Anffodus.

Anfoned pob darllennydd gyfraniad fach neu fawr, yn wythnosol neu yn fisol fel y gwêl orau, a chyda phob cyfraniad daw gobaith, a llawenydd newydd i rywrai yng Nghymru.

93

94

95

93. Miss Grace Gilcriest, chwaer Mrs Margaret Lewis, athrawes Hanes yn Ysgol Sir Caergybi, a'i mam.

94. Mrs Gilcriest, mam-yng-nghyfraith Saunders, yn 1936.

'Rwy'n cofio Nain, yng Nghaergybi, yn gwnïo sach i fy nhad a finnau'n gofyn 'pam?'. 'Oherwydd mae D.J., Val a finnau am fynd i'r wlad dros dro ac mae eisiau'r sach i gario'r pethau pwysig'. Mam ac Anti Grace yn pacio'r car.

95. Pwll-glas, haf 1935, ar ôl pwl drwg o'r frech-goch ar Fair. Aeth Saunders wedyn i Bwllpeiran at Moses Griffith am wyliau a hela...

96. Saunders a Mair, Dydd Gŵyl Dewi, 1936.

96

97

97. Ysgol Haf, Caerfyrddin, 1936

Ysgol Haf y Blaid yng Nghaerfyrddin, 1936:
J.E. Jones, Francis Jones, Saunders a Lewis Valentine.

Nodiadau Mis Medi yn y *Ddraig Goch,* wedi'r Ysgol Haf,
Caerfyrddin:

Gellir maentumio'n bendant fod y Blaid Genedlaethol yn ei deng
mlynedd o einioes eisoes wedi gwneud gwaith ymarferol iawn dros
Gymru; wedi gwneud y gwaith mwyaf ymarferol a wnaeth neb o
gwbl dros Gymru yn ystod y deng mlynedd diwethaf. Y mae hi
wedi cadw'r genedl Gymreig yn fyw. Y mae hi wedi codi
cenedlaetholdeb Cymru i fod yn bwysig ac yn rymus ym mywyd
cyhoeddus Cymru...Pan sefydlwyd hi roedd cenedlaetholdeb Cymru
yn beth a fradychesid gan bob plaid boliticaidd yng Nghymru ac
roedd y genedl Gymreig yn wleidyddol mor farw â hoel.

98

98. Y Tri.
Yr oriau mân bore 8 Medi,
1936, cyneuwyd tân yn rhai o'r
cytiau ym Mhenyberth gan dri
aelod amlwg o Blaid Cymru sef
Saunders, Lewis Valentine a D.J.
Williams, yna ildiasant eu hunain
i'r heddlu.

99. Penyberth, ger Pwllheli, yn
1936 cyn iddo gael ei ddinistrio.
Yn y 16 a'r 17 ganrif bu'n
gartref i deulu o Reciwsantiaid;
un ohonynt, Robert Gwyn, oedd
awdur Catholig mwyaf toreithiog
oes Elisabeth. Yn 1936 mynnodd
y Llywodraeth anwybyddu'r
gwrthwynebiad cryf yng
Nghymru i'w bwriad o sefydlu
ysgol fomio ar dir Penyberth.

99

100

100. Tynnwyd y llun hwn gan
Dr Gwent Jones wrth i Saunders
ysgrifennu'r Anerchiad i'r
Rheithwyr. Wrth iddo ysgrifennu
pob tudalen roedd Gwladwen
(Mrs Gwent Jones) yn teipio.
Rhoddwyd y llawysgrif i
Gwladwen i'w chadw. Gan Mair
y mae'r cyfieithiad Saesneg, a
ddefnyddiodd yn y Llys.

101a/b.   Darnau o'r anerchiad.

102.   Tocyn i'r Llys.

101a

Write nothing in this margin but the number of your answer.

Anerchiad i'r Rheithwyr:

Foneddigion,

y mae'n wir ein bod ni'n tri, y Parchedig Lewis Valentine a Mr. D.J. Williams a minnau, wedi llosgi coed ac adeiladau'n Gwersyll Bomio ym Mhenyberth. Nyni ein hunain oedd y cyntaf i roi rhybudd i'r plismyn am y tân, a rhoisom wybod iddynt hefyd mai nyni oedd yn gyfrifol amdano. Ond er hynny yr ydym yn dal yn gadarn nad gweithred drwg-weithredwyr na throrwyr cyfraith oedd y weithred hon, eithr ei bod yn weithred y bu'n rhaid ac yn ddyletswydd arnom ei gwneud, ei bod hi'n weithred a gyflawnwyd gennym o ufudd-dod i alwad cydwybod ac i'r ddeddf foesol, ac mai llywodraeth Loegr biau'r cyfrifoldeb am unrhyw golled a fu oherwydd yr hyn a wnaethom.

101b

'difethodd ef. Mi 'fentraf innau ddweud heb betruso mai'r dynion a ddylai fod yn sefyll yma yn y doc, ar brawf am eu drwgweithred, yw'r dynion a fu'n gyfrifol am dynnu i lawr hen dŷ Penyberth. A chofiwch fod cwymp Penyberth yn marw pob gŵr diwylliedig yn arwydd ac yn broffwydoliaeth. Fel y tyf y Gwersyll Bomio yn Llŷn yn ganolfan filwrol mwy a mwy, ac y mae'n ddiogel mai felly y bydd os gedir iddo, felly fe ddinistria bob aelwyd Gymraeg yn Llŷn, holl burdeb tafodiaith y wlad, a'i thraddodiadau oll a'i llengrddiaeth. Fe ddinistrir sylfaen ysbrydol y genedl Gymreig a'i gadael megis y mae ffermdy Penyberth heddiw.

102

Gallery No. **32**

CAERNARVON WINTER ASSIZE, 1936.
COUNTY No. 5.

Admit Mrs Saunders Lewis
9 St Peter's Road
Newton Mumbles
Swansea

NOT TRANSFERABLE

to the Assize Court.

RONALD OWEN LLOYD ARMSTRONG-JONES
Sheriff.

NOTE.—NO SEATS RESERVED.

103

104

103. Wedi'r prawf: Saunders, Margaret, Mrs Valentine a Val yng Nghaernarfon, ddydd Mercher, 13 Hydref, 1936.

104. Methodd y rheithgor yng Nghaernarfon â chytuno ar y dyfarniad a throsglwyddwyd yr achos i'r Old Bailey yn Llundain, lle y cafwyd y tri yn euog a'u dedfrydu i naw mis o garchar. Amddifadwyd Saunders o'i swydd yn ddarlithydd yng Ngholeg y Brifysgol, Abertawe.

105

105. *Wormwood Scrubs* gan Dr Gwent Jones, 1937.

'Carchar ydy carchar i'r swyddogion hefyd.

Cerdded y coridorau, sbïo drwy'r tyllau gwydr yn y drysau ar y moch yn gorwedd fel clwt, gwylio yn y gweithdy rhag bod neb yn hel celfi i'w gell: drwgdybio pob symud, mi all cyllell daro mewn chwinciad; rheoli parêd y potiau cachu i'r tŷ bach bob bore.

Hanner pan yw hanner y troseddwyr, llanciau'n llyncu nodwydd neu siswrn er mwyn cael sbel yn y sbyty.

Taclau drwg ydy'r lleill, y bwli a'r cnaf a'r cocyn. Casgliad o bobl fel yna ydy carchar a llu o swyddogion yr un brid a'r un fath; uffern rhwng gwaliau llwyd. A phawb, pawb, pob swyddog, rheolwr, troseddwr wedi hen, hen alaru ar y byw brwnt, diobaith, di-bwynt. Mae carchar yn ddrych o'r ddynoliaeth...Welais i erioed droseddwr euog.'

Cell y Grog.

'...Gwnïo bagiau post fore, nawn, a hwyr. Mi ddysgais lot am argyfwng gwacter ystyr. Oeddech chi'n meddwl mai ysgol feithrin Gymraeg oedd carchar?...Neu fynachty?
Sodom a Gomorra ydy carchar, a'r muriau a'r drysau clo a gofalu nad oes na dewis na gwrthod...Mae

bechgyn a fu'n cwyno wrth y Llywodraethwr wedi mynd yn syth i'r seilam a'r cosbau yno...gallai carchar lygru a halogi a phuteinio a difetha dynoliaeth bechgyn...Mi all pentre gwledig yng Nghymru Cymraeg wneud hynny hefyd. Dydy pawb yn y carchar ddim yn aflan chwaith, hanner pan ydy eu hanner nhw, gwirion, heb fod yn llawn llathen. Mae ysbyty'r carchar yn llawn o fechgyn sy wedi llyncu nodwyddau neu ambell un siswrn wrth wnïo bagiau. Mynd i'r ysbyty wedyn, ac aros nes bod y nodwydd yn pigo. Wedyn operasion. Sbri fawr.

Cymru Fydd.

106

107

106. Capel Wormwood Scrubs heddiw. Mae'n debyg bod traddodiad yng ngharchar Wormwood Scrubs o dderbyn blodau i'r capel. Pan oedd Saunders yno, roedd bocsiau o flodau yn dod bob mis, oddi wrth Mai Roberts, Mrs Wynne, Garthewin (mam Robert Wynn) a Thomas Charles-Edwards, Ampleforth. Derbyniodd y tri flodau hefyd oddi wrth Ysgol Haf y Blaid. Cafodd Saunders bleser mawr iawn o'u gosod nhw ar yr allor, ac o gwmpas y capel.

Difiau Dyrchafael
Beth sydd ymlaen fore o Fai ar y bronnydd?
Edrychwch arnynt, ar aur y banadl a'r euron
A'r wenwisg loyw ar ysgwyddau'r ddraenen
Ac emrallt astud y gwellt a'r lloi llonydd;

Gwelwch ganhwyllbren y gastanwydden yn olau,
Y perthi'n penlinio a'r lleian fedwen fud,
Deunod y gog dros ust llathraid y ffrwd
A'r rhith tarth yn gwyro o thuser y dolau:

Dowch allan, ddynion, o'r tai cyngor cyn
Gwasgar y cwning, dowch gyda'r wenci i weled
Codi o'r ddaear afrlladen ddifrycheulyd
A'r Tad yn cusanu'r Mab yn y gwlith gwyn.

107. Yn 1936: Mrs Glasnant Jones (mam Dr Gwent Jones), Margaret a Gwladwen.

108

Anghyfiawnder !!!

Saturday, May 22nd

At 6 p.m.

Central Hall, Swansea

(Seating 1200)

GREAT PROTEST MEETING

For

Mr. Saunders Lewis

Now in prison for his principles, previously lecturer in Welsh Literature at Swansea University College, whose post has been filled in his absence, in circumstances demanding fullest public examination.

SPEAKERS :

Ald. PERCY MORRIS, Swansea
Prof. J. OLIVER STEPHENS
Mrs. D. J. WILLIAMS, B.A., Fishguard
Dr. ELFED THOMAS. Swansea
Mr. J. WALTER JONES, M.A., Neath
Mr. ANDREW DAVIES, B.A.,
President Swansea Students Union Council.
Dr. IORWERTH JONES, Swansea
Coun. J. L. REES, Pontardawe
Mr. KITCHENER DAVIES, M.A., Rhondda
Rev. DYFNALLT OWEN, M.A.
Mr. D. MYRDDIN LLOYD, M.A.,
National Library, Aberystwyth
County Coun. D. B. LEWIS, Cross Hands
Mr. DAFYDD JENKINS, Barrister-at-law

Community Singing at 5.30 p.m. Harpist : Miss Rhiannon James.

Demonstrate your DISAPPROVAL of FASCIST METHODS and DEMAND JUSTICE.

Printed in Wales by Frank C. Jones, Mansel Press, rear of 7, Mansel Street, Swansea.

109

CYFARFOD PROTEST ABERTAWE

YN ystod y ddeufis diwethaf, cododd teimlad cryf yn Abertawe yn erbyn anghyfiawnder gwarthus Cyngor Coleg Abertawe yn gwacau a llenwi swydd Mr. Saunders Lewis yn ei absenoldeb, ac yntau eisoes yn dioddef penyd am ei weithred yn un o garcharau Lloegr.

Bu siarad cyffredin am wythnosau am ddigwyddiadau dirgel yn y coleg a gelyniaeth rhai o aelodau dylanwadol y Cyngor yn erbyn Mr. Lewis. A hwy a drechodd, er i fwyafrif mawr yr athrawon a'r darlithwyr a'r myfyrwyr bleidleisio dros osod Mr. Lewis yn ôl yn ei swydd. Ceisiodd ei elynion, un ohonynt yn arbennig, grynhoi anwireddau amdano sydd yn berffaith ddi-sail ac yn waradwydd tragwyddol ar enau y sawl a'u hadroddodd, yn arbennig a chofio na bu Mr. Lewis erioed yn fwy teyrngar i neb nag y bu i'r gwr hwn a rydd ddrwg am dda. Pump yn unig o staff y coleg a bleidleisiodd yn erbyn cael Mr. Lewis yn ôl, y prifathro, tri Sais ac un Cymro, a'r Cymro hwnnw yn ben ar yr adran Gymraeg.

Am y rhesymau hyn cynhaliwyd cyfarfod protest mawr yn Abertawe, nos Sadwrn, Mai 22ain, yn cynrychioli pob adran o fywyd cyhoeddus yr ardal. Ymhlith y siaradwyr yr oedd nifer nad oedd ganddynt yr un cysylltiad o gwbl â'r Blaid Genedlaethol, a chyfartaledd bychan iawn o'r gynulleidfa oedd yn aelodau o'r Blaid. Y cadeirydd oedd Mr. Walter Jones, M.A., Castellnedd,

Cinio Difiau Dynfant, Pwyllgor Meirion, y Parch. Morgan Jones, Mr. Myrddin Lloyd, ac un oddiwrth Mr. Compton Mackenzie, fel y canlyn :—

" Please express to meeting my profound sympathy with this protest against abominable injustice which blackens the black period of English political jobbery even more deeply, if that be possible. Saunders Lewis has set a glorious example not merely to Wales, but to all the small countries of Europe, and Wales must not let him down. With God's help, Wales will not let him down." — Compton Mackenzie.

Agorodd y cadeirydd y cyfarfod gydag araith hallt yn condemnio i'r eithaf Gyngor Coleg Abertawe. Ymosododd yn ddi-drugaredd ar aelodau'r Cyngor: " . . . they are a mixture of ignoramuses and traitors, a contemptible lot of ruffians." Pwysleisiai nad cyfarfod o'r Blaid oedd hwn, ond cyfarfod o bobl wedi uno dan rym anghyfiawnder. Os trosedd oedd gweithred y Tri, gymaint yn fwy o drosedd oedd gweithrediadau Edward Carson, ac eto, dyrchafwyd ef yn arglwydd o'u herwydd. Apeliodd at ieuenctid Cymru i ddadwneud effeithiau drwg y gorffennol: daeth yr awr i ni daflu ymaith ein gwaseidd-dra. Cymharai'r sefyllfa presennal â hanes Antigone gynt, yr engraifft glasurol o Ddeddf Duw yn goresgyn deddf dyn.

110

108. Poster i gyfarfod protest yn Abertawe, 22 Mai, 1937.

109. Darn o adroddiad o'r cyfarfod o'r *Ddraig Goch*.

110. Torf anferth yn gwneud ei ffordd i Bafiliwn Caernarfon lle yr ymgasglodd 12,000 ddydd Sadwrn, 11 Medi, 1937, i groesawu'r Tri Chenedlaetholwr a ryddhawyd o'r carchar wedi naw mis am losgi'r Ysgol Fomio yn Llŷn.

111

111. Saunders yn annerch y dorf yn y cyfarfod croeso ac yn dweud fod llysoedd Lloegr 'yn anghyfiawnder agored i Gymru', a'r dorf yn bloeddio ei chymeradwyaeth.

112. Croeso dinesig i Saunders ac Ysgol Haf y Blaid yn Abertawe, fis Awst 1938.

113. Cyfarfod croeso yn ôl o'r carchar yn y *Central Hall,* Abertawe: Mr Morgan (Treborth), Saunders, Dr Gwent Jones, Jack Daniel a'r Parch. T. Alban Davies (Tonpentre).

112

113

114

115

114. Saunders a Margaret a Cymro'r ci yn yr Hen Dŷ, Aber-mad. Y llun cyntaf a dynnwyd (gan Dr Barrett Davies) ar ôl dod allan o'r carchar.

'Fe'm gwrthodwyd i gan bawb. Fe'm gwrthodwyd i ym mhob etholiad y ceisiais i fod yn ymgeisydd ynddo; mae pob un o'm syniadau — ddaru i mi ddechrau mewn cymdeithaseg, ac yng nghymdeithaseg cenedlaetholdeb — mae nhw i gyd wedi'u bwrw heibio. Gan hynny, 'doedd gen i ddim byd i droi ato i ddeud fy ngweledigaeth ond wrth ysgrifennu hanes llenyddiaeth Cymru ac wrth ysgrifennu dramâu — rhyw ddial, rhyw wneud iawn i mi fy hun yr ydwyf yn fy nramâu.'

Taliesin 2

115. Yr Hen Dŷ, Aber-mad (1938—40).
Pan ryddhawyd Saunders o'r carchar yn 1938 yr oedd yn ddi-waith ac yn ddigartref. Cafodd loches dderbyniol a chydnaws yn Aber-mad, ger Aberystwyth ac yn ystod y blynyddoedd canlynol cynhaliodd ei deulu mewn amryfal ffyrdd.

116

116. Pinwydd yng Nghwm Ystwyth.

Y Pîn
Llonydd yw llyn y nos yn y cwm,
Yn ei gafn di-wynt;
Cwsg Orïon a'r Ddraig ar ei wyneb plwm,
Araf y cyfyd y lloer a nofio'n gytunus i'w hynt.

Wele'n awr awr ei dyrchafael.
Chwipyn pelydri dithau o'i blaen a phicell dy lam
O fôn i frig dan ei thrafael
Yn ymsaethu i galon y gwyll fel Cannwyll y Pasg dan ei fflam:
Ust, saif y nos o'th gylch yn y gangell glaear
Ac afrlladen nef yn croesi â'i bendith y ddaear.

1939

117

119

118

117. Coleg y Carmeliaid, Aberystwyth.

Gwahoddwyd Saunders i ddysgu Cymraeg (iaith a llenyddiaeth) gan y Tad Malachi Lynch yng ngholeg y Carmeliaid, Aberystwyth 1940—51. Roedd yr Esgob Mullins yn un o'i ddisgyblion.

118. Garthewin ger Llanfair Talhaearn.
Yr oedd ROF Wynne perchennog y plasty wedi addasu'r ysgubor yn theatr fach ac yma y llwyfannwyd nifer o ddramâu Saunders am y tro cyntaf.

Seddau moes, am oesoedd maith — yn ein tir
Buont erw anghyfiaith,
Hen blasau heb felysiaith
Y werin na'i chwerthin chwaith...

Aelwyd i'r genedl yw dy drigiannau,
Fel Sycharth Owain, Garthewin freiniau,
Cymar hynawsedd Cymru hen oesau,
Yn hygar, yn hael, yw'r gaer wen olau.
1941.

119. Capel Garthewin, 1936

120. Cyfarfod o'r Cylch Catholig yn Ninbych, 1949. Yn y blaen: Canon David Crowley, Y Tad John Brennan, Cathrin Daniel, Mrs Wynne (mam R.O.F. Wynne), Edna Hampson-Jones, Y Deon Pat Crowley, Y Tad Maher.
Y rhes gefn: Y Tad Fenton, Tom Shannon, Y Tad John Ryan, Y Canon Barrett Davies, R.O.F. Wynne, Garthewin, Y Tad Pat Shannon, Thomas Charles Edwards, Ampleforth, Y Tad James Reardon a Saunders.
Sefydlwyd y Cylch Catholig Cymreig ar Ŵyl Saith Dolur Ein Harglwyddes, 15 Medi, 1941. Yr amcan oedd sefydlu cymdeithas a fyddai'n ganolbwynt y gallai Catholigion Cymreig a dychweledigion gyrchu ato er mwyn cadw eu diwylliant Cymraeg. Cynhaliwyd Ymarferion Ysbrydol bob blwyddyn o 1942 ymlaen.

120

121

'...Cawn ddistawrwydd a darllen yn ystod prydau bwyd, ond rydym yn dianc i'r *Bull* yn Ninbych am ddiod ambell dro wedi dôs ormodol o weddïo. 'Rwy'n dianc dros y tﬁn i fynd i weld Kate Roberts y p'nawn 'ma.'

Llythyr oddi wrth Saunders o gwfaint St. Brigid, Dinbych.

121.   Saunders a Cathrin a Jack Daniel, 1942.

122.   Er nad oedd Saunders yn awyddus i adael Aber-mad symudodd y teulu yn 1940 i Lygad y Glyn, Llanfarian, ac yno y buont yn byw hyd 1952.

123.   Yr Archesgob McGrath. Tynnwyd y llun hwn o'r Archesgob gan Mair yng ngardd Tŷ'r Esgob, Caerdydd, 1945.

122

123

124. Âi'r teulu i Stratford yn rheolaidd am rai blynyddoedd wedi'r rhyfel. Heblaw cyfarfod ag actorion megis Hugh Griffith a Paul Scofield, cawsant hefyd gwmni Syr Thomas Beecham.

125. Saunders a Margaret yn Llygad y Glyn.

'Nid oeddwn yn naturiaethwr. Ni wyddwn enwau ond y mwyaf cyffredin o'r blodau a'r adar a'r coed. Hyd yn oed yn awr byddaf yn eu dysgu o'r newydd bob gwanwyn gan fy ngwraig, sy'n eu hadnabod hwy oll a'u tylwythau. Nid ymddiddorwn ychwaith y pryd hynny mewn golygfeydd. Sorrwn wrth lenorion Saesneg a gymharai olygfeydd â'i gilydd a chwilio am ysblanderau yn yr Alpau neu yn Yr Eidal. Yr oedd boncyff pîn, neu laswellt yn ymdonni dan awel ar lawnt gefn y tŷ, yn ddigon gennyf i, yn anhraethadwy. Nid golygfeydd natur a fynnwn, eithr clywed anadl y pridd'.

Y Llinyn Arian, 1947

126. Y teulu ar lan Llyn Tal-y-llyn, 1951.

127

BANER AC AMSERAU CYMRU, AWST 6, 1941

Baner ac Amserau Cymru

(YN CORFFORI'R "FANER FACH" A'R "FANER FAWR")

Sefydlwyd 1843

Established 1843

THE NATIONAL NEWSPAPER AND FARMERS' JOURNAL

CYFROL 99. RHIF 32   DYDD MERCHER, AWST 6, 1941   PRIS: DWY GEINIOG

Gorffennaf 31, 1941.

Mantolen Cymru

NID drwg o beth yn y rhifyn hwn, a ddaw o'r wasg tra cynhelir pritwyl flynyddol y genedl Gymreig, fydd troi am dro oddi wrth ystyried hynt a helyntion byd mewn rhyfel i edrych ar ein gwlad ni'n hunain. Sut y mae Cymru'n ymdaro yn y rhyfel hwn? Pa obaith sydd iddi hithau am fywyd a ffyniant? Ystyriwn ei sefyllfa hi. Holwn effaith y flwyddyn argyfyngus a aeth heibio ar ei gwedd ac ar ei hysbryd. Cyfrifwn ei cholledion a'i henillion. Edrychwn arni yn wlad ac yn genedl, gan ystyried ei hymddygiad a'r dull yr ymddygir tuag ati. Canys ni all bod gennym farn o ddim gwerth am gwrs y byd oni bo gennym gefndir iawn, oni bo gennym ein gwlad a'n cenedl ein hunain, ei bywyd a'i thraddodiad a'i hynodrwydd, i lunio a llywio'n meddwl. Gwnawn fantolen Cymru am y flwyddyn ddiwethaf.

Y mae addysg Gymraeg yn mynd dan y llif. Mewn llu o ysgolion bychain gwledig yng Nghymru heddiw y mae plant y brodorion yn lleiafrif ynddynt. Yn y mater hwn y bu brad adrannau cyfrifol y Llywodraeth, y Bwrdd Iechyd a'r Bwrdd Addysg, fwyaf maleisus tuag at Gymru. Fe ellid rhith o ddadl strategol o blaid trefniadaeth gwersyllr oedd milwrol a chatrodau'r fyddin. Ni ellid dadl resymol o gwbl dros drin Cymru fel "dumping ground" i'r ymogelu Seisnig, a dwyn anhrefn derfynol i gaerau olaf a phwysicaf y diwylliant Cymraeg, sef yr ysgol ben-

edd diwethaf. Yn yr holl sôn y sydd yn awr am gynllunio ac adrefnu ar gyfer y cyfnod ar ôl y rhyfel ni chlywsom eto air i awgrymu bod neb o'r awdurdodau yn ystyried bod parhad traddodiad cenedl Cymru yn un o'r "gwerthoedd" ysbrydol a ddaeth inni oddi wrth y gorffennol a mae'n wiw eu derbyn yn sylfaen i adeiladu'r dyfodol arnynt. Ffyniant diwydiannol a Seisnig yn unig a dderbynnir yn egwyddor "adrefniad," a chymerir megis ffaith anorfod y bydd rheolaeth y Wladwriaeth dotalitaraidd a sosiaidd ar fywyd ein cymdeithas yn

ddylai neb chwerwi na ffromi nac anobeithio gormad oherwydd syrthni'r genedl. Ni ddysgwyd iddi ers canrifoedd bellach feddwl yn uchel o'i genedigaeth-fraint a'i hetifeddiaeth Gymreig; dysgwyd iddi barchu llwyddiant personol yn fwy nag egwyddorion cymdeithasol; felly cafodd hithau'r arweinwyr priodol i bobl a addysgwyd mor druenus. Y mae cynffonna heddiw yn reddf ym mhob Cymro a ddyrchefir i swydd. Edrycher ar hardd lu aelodau eeneddol Cymru yn y rhyfel hwn; cynrychiolant gyflwr presennol ein gwlad ni i'r dim. "Gwŷr y brenin, Sior tri ...

fodolaeth Cymru ac a dreisiai ei holl hawliau. Ni ddigwyddodd dim fel hyn o'r blaen yn hanes Cymru er 1536. Y mae'n digwyddodd yn awr yn fynych, wythnos ar ôl wythnos. Ceisir cuddio'r ffaith hyd y gellir yn y Wasg Saesneg a byrheir pob adroddiad. Ond fe roir y dystiolaeth hon gan fechgyn a gwŷr ifainc mwyaf diwylliedig a gwrol ein gwlad, a brawd'n groeddus ac ar lw mewn llys barn. Y mae rhai o'r bechgyn hyn yn awr mewn carchar neu yn nwylo'r galluoedd milwrol. Maent mewn perygl o'u cam-drin. Gwyddom y safant, a saif eu tystiolaeth. De aller: y mae'r alwad i fod yn filwr yn wahanol i bob galw arall a wneir gan y Wladwriaeth. Galwad ydyw i ddyn draddodi ei fywyd i farw dros y Wladwriaeth. Dyna ystyr yr alwad. Y mae gan bob dyn hawl i gynnig ac i draddodi ei einioes dros achos neu dros berson, neu berson moesol fel teulu neu genedl. Ond y mater drutaf a phwysicaf a eill fyth bwyso ar gydwybod dyn yw ystyried hawl neb ond Duw ar ei einioes; canys rhoddir Duw yw ei einioes. Cydnabod hawl arni yw cydnabod cynrychiolydd Duw yn yr

127. 'Cwrs y Byd'. Rhwng 1939 a 1951 bu Saunders yn ysgrifennu'n wythnosol bron i'r *Faner* golofn wleidyddol (gan mwyaf) 'Cwrs y Byd'. Dyma gip ar golofn 6 Awst, 1941.

128

Saunders Lewis yn cofio

Moses Griffith

Yn Llandrindod yn haf 1920 y cyfarfûm i gyntaf â Moses Griffith. Un o'm cydswyddogion i yn y South Wales Borderers, R. D. Williams, a'n dug ni at ein gilydd. Yr oedd Moses Griffith yn genedlaetholwr Cymreig cyn y rhyfel. Yn araf y daethom yn gyfeillion. Yr oedd ef a minnau yng nghyfarfod sefydlu Plaid Genedlaethol Cymru ym Mhwlleli yn 1925. Cytunodd i fod yn drysorydd y Blaid newydd.

Daliodd y swydd am flynyddoedd, ac nid trysorydd yn unig y bu ef, ond o'r cychwyn hyd ei farw un o'r haelaf o'r cyfranwr i gyllid y Blaid dros yn agos iawn i hanner canrif.

O'm hanfod y sgrifennaf amdano, ac nid yw'n hawdd. Yr oedd ef ryw chwe mis yn hŷn na mi. Am ddeugain mlynedd buom fel brodyr. Ef oedd yr haelaf a'r caredicaf a'r ffyddlonaf a adnabûm. Rhoddaf bwys ar hyn, gan fy mod yn gwybod fod llawer o'i gydnabod yn ei farnu'n ddyn busnes craff ac yn fargeiniwr dygn a chaled.

129

130

131

132

128. Teyrnged i Moses Griffith a ymddangosodd yn y *Ddraig Goch*, Ebrill 1973.
Mae'n cydnabod ei ddyled i'w gyfaill Moses Griffith a fu'n gefn iddo ef a'i deulu am flynyddoedd lawer.

129/130. Mr a Mrs Moses Griffith.

131. Dr R. Geraint Gruffydd a'i wraig, Luned.

'Cafodd cyn ei farw weld mab iddo yng nghadair y Gymraeg yn Aberystwyth. Bu hynny'n hwb i'w galon. Y mae Llenyddiaeth Cymru a daear Cymru yn agos at ei gilydd erioed.'

133

132. Ffrainc, 1949.
Daeth cyfle i Saunders ymweld â Ffrainc unwaith eto pan wahoddwyd ef gan Moses Griffith i fynd gydag ef yn gyfieithydd ar ei ymweliad â fferm fagu ceffylau yng ngogledd Ffrainc.
'Mi welais weision stadau ar feysydd yn Ffrainc yn ei wylio'n ddistaw wrth iddo godi telpyn o borfa a thynnu gwreiddyn oddi wrth ei gilydd ac yn adnabod awdurdod wrth i'w gydymaith gyfieithu iddynt. Un o'i ofidiau parhaus a digri oedd nad oedd ganddo ddim Ffrangeg na chlust o gwbl i'w medru.
Ond yr oedd ganddo ddawn fawr i ddwfn fwynhau ei waith. Yr oedd caru daear yn ei waed a phan safai ar bridd yr oedd ei ysgyfaint megis o dan y dywarchen yn anadlu gyda'r hadau. Nid rhyfedd fod gwialen rhwng ei fysedd ef yn darganfod dŵr dan ddaear. Yr oedd rhywbeth — Beth ddweda' i? — rhywbeth cyfrin yn ei ymwneud ef â phridd. Fe wyddai Stapledon hynny.'

Y Ddraig Goch, 1949

133. Saunders a Margaret gyda Meinir Thomas, merch Mr a Mrs Moses Griffith, ei gŵr Aneirin a'u merched Bronwen ac Angharad.

134

135

134.   Fferm Llwynwnwch.

'Bu cyfnod yr oedd hi'n weddol
gyfyng arnaf i, ac i un o duedd
braidd yn afradlon yr oedd
hynny weithiau'n gaethiwus.
Cymerodd Moses Griffith fi'n
denant iddo ar fferm fynydd a
dysgu imi elfennau ffarmio
defaid. Gofalodd fy mod i ar fy
ennill rywfaint bob blwyddyn.
Nid oedd hynny ond degwm o'i
gymwynasau.'

o'r *Ddraig Goch*.

135.   Fferm Llwynwnwch
heddiw.

136. Saunders a Mair, 1947.
Tynnwyd y llun gan Dr Gwent
Jones, wrth i Mair ddathlu ei
phen blwydd yn un ar hugain.
Anfonodd Saunders gyngor i
Mair pan berswadiodd Wynne
Samuel hi i siarad yn gyhoeddus
dros y Blaid y tro cyntaf.

29.ix.1950

F'annwyl Fair,
Dim ond nodyn i ddymuno lwc
dda i'ch menter newydd. A ga'i
fentro rhoi tipyn o gyngor o'm
profiad fy hun?
Ni fûm erioed yn siaradwr
cyhoeddus da, ond dyma, mi
gredaf, reolau da: Siarada mor
naturiol ag y gelli di, mewn tôn
a llais normal. Paid â cheisio bod
yn ddramatig neu yn angerddol
neu'n fflipant. Siarada'n unig fel
pe bait gartre a phaid â dweud
pethau nad wyt yn gwybod eu
bod yn wir. Siarada'n wylaidd,
yn serchog, fel pe bait yn
ymddiddan â rhywun. Dyma'r
dull effeithiol o ddysgu siarad yn
gyhoeddus.

Dy dad,
S.L.

136

137a

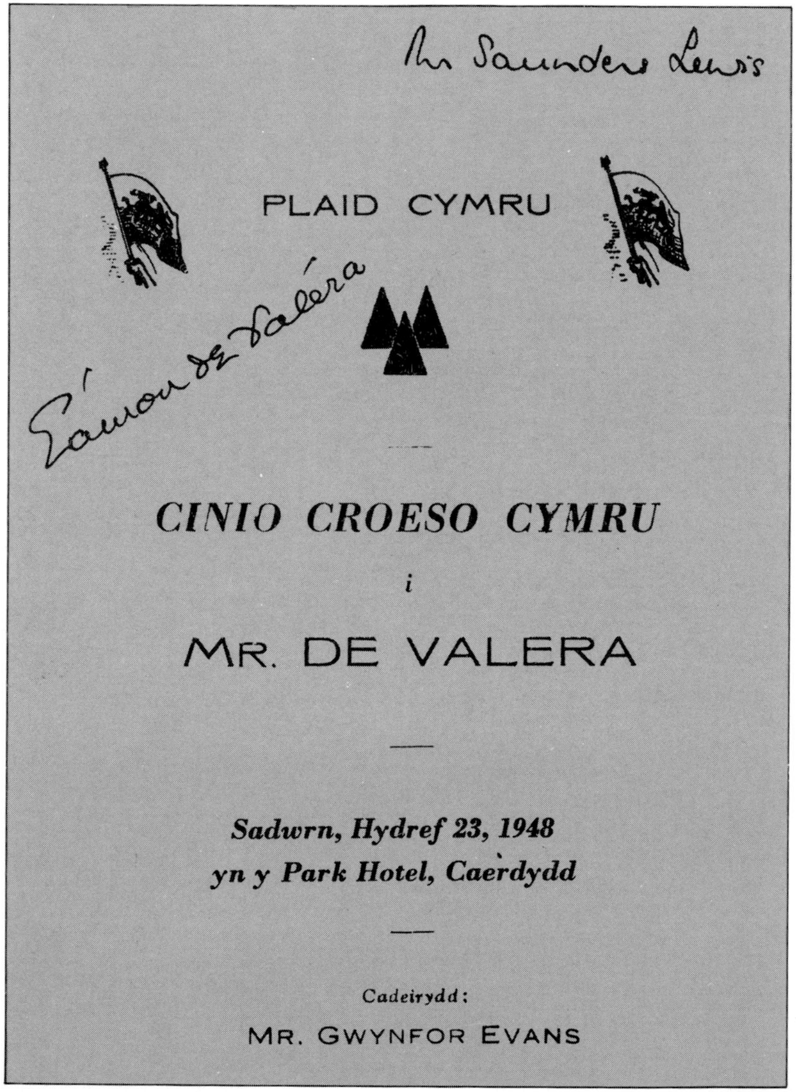

Mr Saunders Lewis

PLAID CYMRU

Éamon de Valéra

CINIO CROESO CYMRU

i

MR. DE VALERA

Sadwrn, Hydref 23, 1948
yn y Park Hotel, Caerdydd

Cadeirydd:

MR. GWYNFOR EVANS

137b

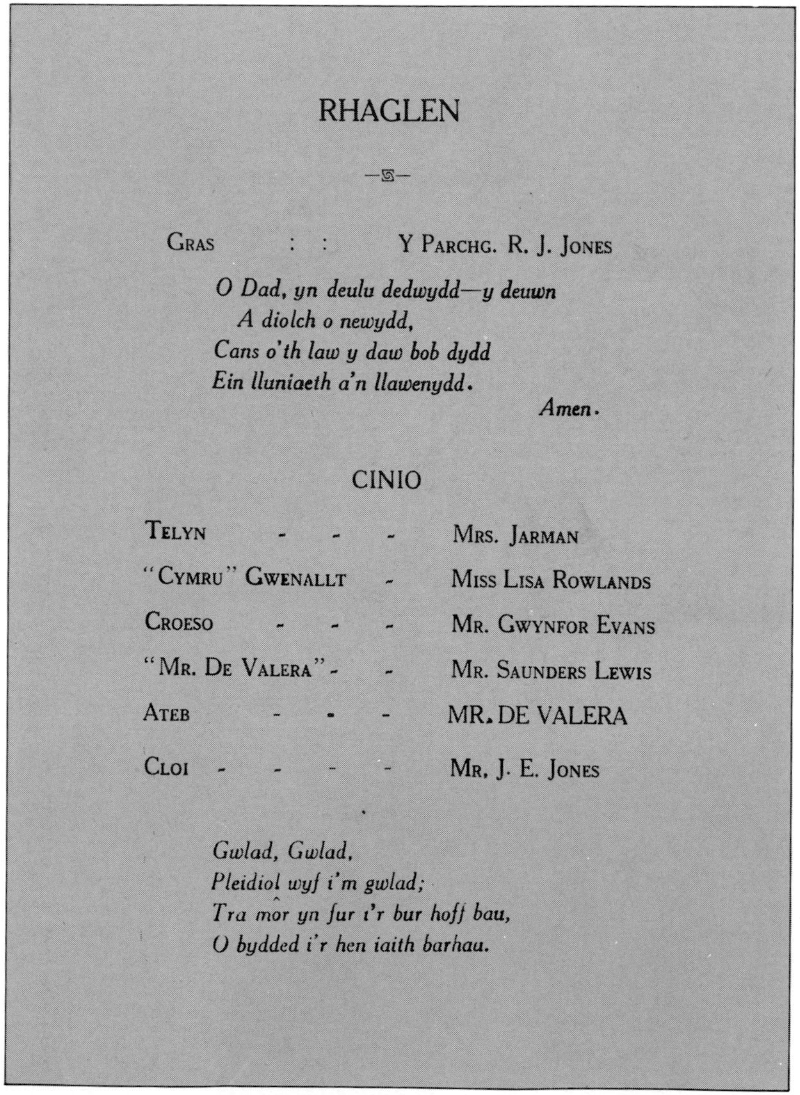

RHAGLEN

GRAS : : Y PARCHG. R. J. JONES

O Dad, yn deulu dedwydd—y deuwn
A diolch o newydd,
Cans o'th law y daw bob dydd
Ein lluniaeth a'n llawenydd.
Amen.

CINIO

TELYN - - -	MRS. JARMAN
"CYMRU" GWENALLT -	MISS LISA ROWLANDS
CROESO - - -	MR. GWYNFOR EVANS
"MR. DE VALERA" - -	MR. SAUNDERS LEWIS
ATEB - - -	MR. DE VALERA
CLOI - - - -	MR. J. E. JONES

Gwlad, Gwlad,
Pleidiol wyf i'm gwlad;
Tra môr yn fur i'r bur hoff bau,
O bydded i'r hen iaith barhau.

138

139

137a/b.   Cyfarch de Valera ar ran y Blaid.

138.   "Rhywle i fyw" — oedd barn Saunders am Bryn y Môr, Penarth, lle treuliodd weddill ei oes wedi iddo gael ci benodi yn Ddarlithydd yn Adran y Gymraeg, Coleg y Briysgol, Caerdydd, gan yr Athro Griffith John Williams yn 1952.

139.   Coleg y Brifysgol, Caerdydd, 1952—57.

140

141

141. Yr hen eglwys yn Larnog.

142. Eistedd ar orsedd Arberth.

Eisteddais ar orsedd Arberth,
'Chefais i nac archoll na briw;
Dau ryfeddod a welais,
Morwynig fel ewig o fuan
A derwydd yn ymswyno rhag pais.
Gan Bwyll

140. Gwaun a Môr, Lavernock.
Arferai Saunders a Margaret
gerdded ar hyd y clogwyni o
Benarth i Larnog.

Gwaun a môr, cân ehedydd
yn esgyn drwy libart y gwynt,
ninnau'n sefydd i wrando
fel y gwrandawem gynt.

Be' sy'n aros, pa gyfoeth,
wedi helbulon ein hynt?
Gwaun a môr, cân ehedydd
yn disgyn o libart y gwynt.
1953.

142

143

144

143.   Yng ngardd Penarth.

Mai 1972

Eto mae'r berllan yn caroli
Eto mae porffor y leilac fel Twtancamûn ifanc
Eto awr wedi'r wawr mae persawr y bore
Yn esgyn o'r gwlith
Mae'r ddaear newydd ei geni'n ddihalog wyrf
Clywed ei hanadlu
Rhoi ewin dan ddeilen briallu
Gwrando cyfrinach y gwenyn
A'r fwyalchen effro ar ei nyth
Profi eto am ennyd
Baradwys.

144.   Afallen yn yr ardd ym Mhenarth.

Hudol yw afallen Medi;
Gwelaf ferched Atlas dani
Yn codi eu dwylo, Eritheia,
Hesper, Egle, Arethwsa,
Tua'r gwyrdd lusernau crynion
Fel lleuadau neu gêl fronnau'r gloyw forynion
Sy'n bugeilio'r ardd ddiaeaf;
Dawns duwiesau dan afalau, dyna welaf.
1943.

145

145.   Ann (Bodednyfed gynt) a'i gŵr D.S. Edwards.

8.v.1968

Annwyl Elsie,
Gwelais yn y Cloriannydd yr wythnos diwethaf eich bod yn rhoi i
fyny bod yn ysgrifennydd i gangen Môn o Sefydliad y Merched, ar
ôl deugain mlynedd o wasanaeth. A'r un wythnos dyma lun o Ann
a'i gŵr (D.S. Edwards) yn Y Cymro ac yr oedd golwg Ann yn
dwyn ar gof yn fyw iawn i mi lygaid a golwg Anti Rebecca, fel y
galwen ni eich mam...

    Gyda'm cofion cynnes,
    Saunders

146

146.   Griffith John Williams.
'Wrth ymgyfathrachu ag ef byddai dyn yn cael cip ar Gymru a oedd
yn gyfoethocach nag a wyddid.'
o *Morgannwg*, vii.

147

148

147. Y Teulu, 1952—69
Saunders a Mair yn yr ardd. Penarth, 1953..

148. Priodas Mair

Mae priodi yn berygl einioes...
Priodi sy'n ei gwneud hi'n ddynol. Cyn hynny cath wyllt yw merch.

A gymeri di fi yn ŵr priod...
'Rwyt ti'n cynnig imi dlodi a phoen?
'Rwy'n cynnig iti 'nghalon a'i hoen.
Caf gan Wawl lawforwynion a moethion.
Cawn gasglu'n cinio o ddail poethion.
Caf gan Wawl wely plu a gobennydd.
Cei gen' innau wlith y torlennydd.
Caf gan Wawl win Sbaen ac afalau.
Cei gen' innau gyrn i'th draed a chryd cymalau.
Fe'u cymeraf, f'anwylyd gwyn;
At hynny'r anelais o'r cychwyn.

Peth iach yw priodi, gyfaill,
Yn null cyffredin dynion,
Yn llawen a bodlon, heb serch;
Felly mae'n naturiol priodi
Gan ddysgu cyd-ddwyn mewn ffyddlondeb
A dysgu cariad drwy blant.

149a

149b

I Siwan

Ai Siwan
Sy'n miwian
Fel Swli mewn ogo'?
Wel, druan
O Siwan
Heb frechgoch na gogo.
—
Ond 'rwan
mae Siwan
Dan frech gyda gogo!
O Sant Falentino,
maen' nhw'n blino,
a'z gwely mor dywyll ag
ogo!

151

149a/b. I Siwan

150. Bedyddio Dyfrig, 1962.
Gwladwen a Mari Gwent, Ieuan Hir; Mair, Marged-Elen a Siwan, ei
Daid, ei Fam-Bedydd: ei Nain a'i Dad-Bedydd yr Esgob Mullins.

151. Dyfrig a'i Daid, Nadolig 1962.

Dyfrig ystyfnig
yn llond ei groen
i ffwrdd mewn awyrblan
fel cynffon oen,
yn ôl i'r ysgol
ac adre'n y bws
gan yfed llefrith
fel hippopotamws.

———

152. Dyfrig Ystyfnig.

153. Llythyr at Siwan.

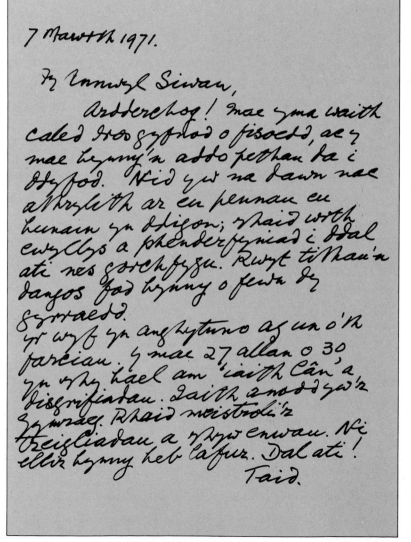

7 Mawrth 1971.

Fy annwyl Siwan,

Ardderchog! mae yma waith caled drwy gydol o fisoedd, ac y mae hynny'n addo pethau da i ddyfod. Nid yw na dawn nac athrylith ar eu pennau eu hunain yn ddigon; rhaid wrth ewyllys a phenderfyniad i ddal ati nes gorchfygu. Rwyt tithau'n dangos fod hynny o fewn dy gyrraedd.

Yr wyf yn anghytuno ag un o'th farciau. Y mae 27 allan o 30, yn rhy hael am "iaith Cân a Disgrifiadau. Iaith anodd yw'r Gymraeg. Rhaid meistroli'r treigliadau a rhyw enwau. Ni elliz hynny heb lafur. Dal ati!

Taid.

Wele Fedi'n
Un ar hugain!
Byddwch dawel,
mae Siwan yn naw!

Beth ddaw wedyn?
Rhodd fireingain
yn Llansawel. —
Dyna ddaw!

S.L.

154. Nawfed pen blwydd Siwan a'i chymun cyntaf yn Llansawel.

155

Pwy sy'n naw?
Marged Elen.
Brensiach! Taw!
Mi gefais fraw
wrth glywed taw
Marged Elen
sy'n naw!

155.   Marged Elen yn naw.

156a/b.   Llythyr at Marged Elen.

156a

158, Westbourne Rd., Penarth.
12·xi·'64
Annwyl Marged Elen a
Siwan,
y mae eich taid yn hen
ŵr musgrell a'i ymennydd
wedi hen bydru, a'i ben yn
wag oni bai am ei lond o
annwyd; dywedwch felly
wrth eich athrawon fod
eich taid wedi anghofio
sut mae sgrifennu drama
ac nad oes obaith fyth
mwyach iddo wneud dim
ond yfed gwin a chysgu
a deffro ac yfed rhagor
o win a chysgu a deffro ac

156b

> yfed rhagor o win a chysgu
> etc. etc. tan y Nadolig.
> Ond am ysgrifennu drama—
> na, na, rhaid i Farged
> Elen a Siwan wneud hynny,
> nid yr hen ŵr hwn yr
> ydych yn ei alw,
> Taid

157

Marged Elen yn bedair ar ddeg.

Heddiw mae'r byd mor ifanc â mi
Ac yn orlawn o sbri,
Yn wlith ac yn wên ac i ffwrdd â hi
    Yn y wawr.
Maen' nhw'n dweud y dof i'n gall
A'm pwyll heb ball
Wedi deugain pen blwydd ar y llawr.
Duw a'm gwaredo!
Byddai'n well gen' i hebddo,
Ond bod gwlith a bod gwên bob awr.

Taid

157. Marged Elen a Siwan yn gwisgo gwisg briodas eu hen hen Nain.

158. Cyfarchiad i Marged Elen.

158

> ## XV
> Pwy a gred, Farged, dy fyw—
>   bymthengmlwydd?
> Mor rhwydd y daw'r heddyw.
> Cofiaf faban—mor wan yw!—
> yn aethwydd o ferch ethyw.

159

160

159. Siwan, B.A.

160. Saunders wrth ei fodd.

161. Siwan a'i thaid a'i nain.

161

162

163

164

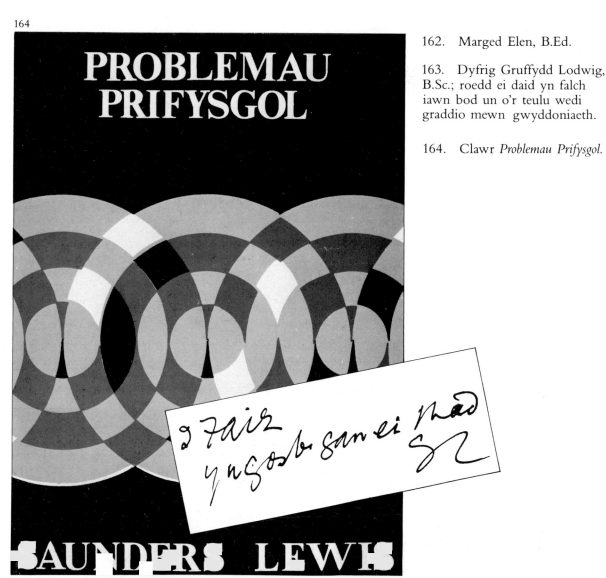

162. Marged Elen, B.Ed.

163. Dyfrig Gruffydd Lodwig, B.Sc.; roedd ei daid yn falch iawn bod un o'r teulu wedi graddio mewn gwyddoniaeth.

164. Clawr *Problemau Prifysgol.*

165

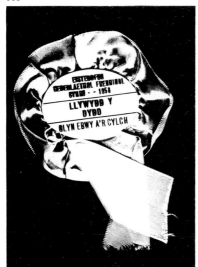

167

166

165. Llywydd y Dydd,
Eisteddfod Genedlaethol
Glynebwy, 1958.

166. Awdur *Brad* yn gadael y
theatr tra cymeradwyai'r
gynulleidfa berfformiad cyntaf y
ddrama yn Eisteddfod
Glynebwy.

167. Yn annerch yr Eisteddfod
fel ei Llywydd a chyfeirio at
gynllun i godi gorsaf ynni
atomig yn Nhrawsfynydd:

'Mae daear Cymru yn perthyn i
ni am gyfnod byr ac yn perthyn
i'n plant ac i blant ein plant am
genedlaethau.
Nid oes gennym hawl i ddweud
Bread before Beauty. Mae slogan
fel yna yn dwyn gwarth ar ein
cenedl ni.
Yr oedd gan ein tadau eu
sloganau: 'Gwell angau na
chywilydd;' 'Gwell tlodi na
gwarth'.
Parchwn etifeddiaeth ein plant.
Na werthwn ddaear Cymru am
saig o fwyd. Rhaid dangos
gwroldeb i achub ein gwlad ar
gyfer yr unfed ganrif ar hugain,
Gallent o leiaf addoli'r hyn sy'n
ddwyfol yn eu cyd-ddynion.'

168. Dros ddeng mlynedd ar hugain ynghynt: dadlau â Chynan ynglŷn â'r Orsedd yn *Y Ddraig Goch*, 1926.

YR ORSEDD.

LLYTHYR AT GYNAN.

Annwyl Gynan,

FE'M temtir i sgrifennu atoch gan eich ysgrif yn y *Geninen* ddiwethaf ar yr Orsedd. Hyfryd oedd gennyf weld bardd a llenor o'ch bath chi yn amddiffyn yr Orsedd gan ddangos bod pwnc a ymddengys ar yr wyneb yn bwnc llenyddol yn unig, sef pwnc yr Orsedd a'r Eisteddfod, mewn gwirionedd yn bwnc gwleidyddol hefyd. Dywedasoch fod y cweryl rhwng yr Orsedd a rhai o athrawon y Brifysgol yn rhwygo Cymru, yn ei gwanhau hi yn wyneb ei gelynion. Hynny yw : mynasoch brofi bod iechyd llenyddiaeth Cymru a ffyniant yr iaith Gymraeg yn wir yn faterion politicaidd. Y mae hynny mor gwbl gytun a'm daliadau innau ac a syniadau'r Blaid Genedlaethol Gymreig fel na allaf lai nag ateb eich ysgrif. Ceisiaf hefyd ei hateb yn yr un ysbryd mwyn ag a bereiddia eich llith chi.

Gan hynny, nid af ati i feirniadu eich amddiffyniad. Ni allaf gydweld a llawer iawn o'r hyn a ddywedasoch, ni allaf ychwaith gydnabod uniondeb llawer rhan o'ch dadl, a chredaf fod y cymhariaeth sy gennych rhwng yr Orsedd a'r Brifysgol yn dra chamarweiniol. Yr ydych yn anghofio mai gweision y Brifysgol yw'r athrawon Cymraeg, nid ei llywodraethwyr, ac yn anghofio hefyd nad amcan y Brifysgol, ysywaeth, yw noddi diwylliant a llenyddiaeth Gymraeg. Yn groes i hynny, beirdd yr Orsedd yw llywodraethwyr yr Orsedd, ac amcan a rheiny, yn ol a ddywedir ganddynt, yw noddi a hyrwyddo diwylliant goreu llenyddiaeth a'r iaith Gymraeg. A'r gwyn ddifrifol yn erbyn yr Orsedd hyd yn hyn yw na wnaeth hi ddim y peth yr honna hi ei wneuthur.

"Goreu ein Byw"

Mi fyddaf yn ofni weithiau, Gynan, nad ydych chi'ch hunan hyd yn oed, ac yn sicr nid oes neb arall o aelodau'r Orsedd, yn deall beth yw llenyddiaeth a chelfyddyd yn ein bywyd ni sy'n ceisio sgrifennu heddiw. Nid teganau ydynt na hobi na chwarae, ond goreu ein byw ni. A gaf i siarad am funud yn bersonol ? Bywyd cyffredin iawn a thlawd yw fy mywyd i. Yr wyf mor anonest a llwgr ag y gall neb fod, a thruan yw hanes fy einioes. Ond hyd y cofiaf i yn awr, nid ysgrifennais i erioed ysgrif na phennod na roddais i oreu fy nghymeriad a'm deall yn y gwaith, na fum i'n gwbl onest y pryd hynny, ac mor ddiragfarn a didderbyn wyneb ag y mae'n ddichon imi fod. Ni roddais i erioed farn ar na llyfr na phictiwr na drama, nac unrhyw waith creadigol dyn heb yn gyntaf garthu o'm meddwl bob cas neu ddig neu ragfarn y gwyddwn i amdanynt. I mi yr anonestrwydd terfynol yw anonestrwydd mewn celfyddyd a beirniadaeth. Yn awr, yr unig rai a ddengys gydymdeimlad a'r ysbryd hwn yng Nghymru heddiw yw'r llenorion hynny nad ydynt yn aelodau'r Orsedd, rhai fel Gwynn Jones, Kate Roberts, D. T. Davies, W. J. Gruffydd a Williams Parry a R. T. Jenkins. Rhoisoch chi yn y *Geninen* restr o lenorion yr Orsedd :—Elfed, M.A., Pedrog M.A. ; Gwili M.A., B.Litt ; Job, Crwys, B.A. ; Meuryn, y Prifathro Maurice Jones ; yr Athro Ernest Hughes, M.A. ; a'r Athro Timothy Lewis, M.A. Mentraf ddweud hyn yn ddigon tawel a gostyngedig ond yn gwbl glir : fe ddechreuwch chi ddeall fy amheuaeth i o'r Orsedd pan ddealloch

CYFUNDREFN A[...]

(Parhad o [...]

B.—Yr Ysgolion [...] Llywodraethir y rhai [...]
  (a) uchod
  (b) Bwyllgor A[...]
    Fwrdeisdre[...]

Y mae 31 o'r Ysgoli[...] ru, ac fel y gwelir, y m[...] aeth yn hollol wahan[...] a'r Ysgolion Sir cyffre[...] anghydfod y mae hyn [...] eraill, wedi ei achosi [...] ganolraddol Cymru.

C.—Y mae heblaw [...] Canolraddol yng Ngh[...] dan reolaeth gyhoed[...] rhai ohonynt gan y Lly[...] fel Ysgolion teilwng [...] Trysorlys ac eraill o[...] " effeithiol."

Pynciau Addysg.

Y mae Maes Llafu[...] raddol yn eang dr[...] plant yr Ysgolion hy[...] 36 o bynciau llynedd—[...] yn amrywio yn eu [...] gwrs ; ond dengys [...] fod braidd pob cange[...] cael sylw yn ysgolion c[...] o'r Eidaleg a gymerwy[...] dfau Rhif a Mesur a gy[...]

Moddion Cynhaliaeth.

Hyd yn ddiweddar [...] cyffredin o Ysgolion [...] cynhaliaeth ar (1) He[...] Cynnyrch treth o dd[...] Swm cyfartal taladwy [...] (4) Cyfraniad o'r treth[...] nwyddau arbennig ; [...] gan y plant ; (6) C[...] Addysg. Heb orfany[...] mai'r drefn mewn dy[...] fod y cyllid ymherodr[...] hanner traul yr Ysg[...]

169

169. Y tu allan i'r drws ym Mhenarth, 1962.

'Yr oedd gen i awydd, nid awydd bychan, awydd mawr iawn, i newid hanes Cymru. I newid holl gwrs Cymru a gwneud Cymru Gymraeg yn rhywbeth byw, cryf, nerthol yn perthyn i'r byd modern.'

o *Taliesin 2.*

170

170. Wrth ei ddesg. Saunders wrth ei waith ym Mhenarth, 1962.

171a. Llun o ailargraffiad o'r Ddarlith Radio enwog *Tynged yr Iaith* a ddarlledwyd ac a gyhoeddwyd gyntaf gan y BBC ar 1 Mawrth, 1962, ac a roddodd fod i Gymdeithas yr Iaith Gymraeg.

171b. Darn o'r Ddarlith Radio.

172. Portread Jac Jones ar glawr y record *Tynged yr Iaith*.

171a

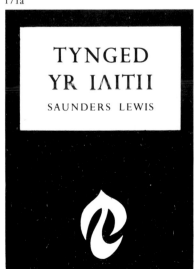

171b

Arglwyddi, a gaf i chwanegu pwynt arall? Nid oes obaith fyth fythoedd i Lywodraeth Whitehall fabwysiadu safbwynt Cymreig. Nid yw'n rhan o dasg y Weinyddiaeth Addysg orfodi'r Gymraeg ar ysgolion Cymru na hyd yn oed orfodi dysgu effeithiol ar y Gymraeg. Cymell, cefnogi, calonogi—purion. Ond digio Cyngor Sir Gaerfyrddin? 'Choelia' i fawr. *De minimis non curat lex*. Nid estyn y Llywodraeth fys i achub lleiafrif sy mor boliticaidd aneffeithiol, mor druenus ddihelp, mor anabl i'w amddiffyn ei hun ag yw'r lleiafrif Cymraeg yng Nghymru.

Ystyriwch fater Cwm Tryweryn a Chapel Celyn. Pa achos a oedd i bobl Cymru wrthwynebu cynllun Corfforaeth Lerpwl i foddi'r dyffryn a'r pentre a throi'r fro yn gronfa ddŵr i ddiwydiannau'r ddinas? Mae'n wir fod yr elw economaidd i Gorfforaeth Lerpwl yn enfawr. Mae'n wir y gallasai cydweithrediad cynghorau sir Gogledd Cymru fod, wedi codi trefn well er budd i'w broydd chwarter canrif yn gynt. Arfer cynghorau sir Cymru yw gwrthod cydweithredu â'i gilydd heb eu gorfodi, a gwrthod hyd y gallant bob cais i newid eu cyfansoddiad a'u trefn. Nid hynny chwaith mo'r rheswm dros wrthod cynllun Lerpwl. Yr oedd y cynllun yn chwalu cymdeithas Gymraeg uniaith yn un o ardaloedd gwledig hanesyddol Meirion. Amddiffyn iaith, amddiffyn cymdeithas

25

172

PROTEST IAITH YN ENYN LLID RHAI O BOBL DOLGELLAU

Dyrnu, cicio a thynnu gwallt

WEDI'R colbio a'r cicio a'r tynnu gwallt o flaen y llythyrdy yn Nolgellau, ddydd Sadwrn, cyfyd y cwestiwn: I ba raddau y gall protestwyr ddisgwyl amddiffynfa rhag gwrthbrotestwyr?

Yn Nolgellau, bid siwr, nid oedd ddigon o blismyn i ymorol nad âi'r aelodau o Gymdeithas yr Iaith Gymraeg a lusgid allan o'r llythyrdy yn syth i grafangau glaslanciau o'r dref a oedd yn aros yn fygythiol amdanynt — nac yn ddiogel o gyrraedd gwraig tua trigain oed a'u waldiai yn eu gwegil efo'i hambarelo.

Os oes carfan o bobl yn Llanbedr Pont Steffan yn teimlo mor ffyrnig yn erbyn gweithgareddau tor-cyfraith Cymdeithas yr Iaith Gymraeg ag oedd y garfan hon o bobl Dolgellau, mi fydd angen rhagor o blismyn i gadw trefn yn y dref honno wythnos i'r Sadwrn, pan gynhelir yno brotest gyffelyb.

Y pwrpas

Pwrpas y brotest yn Nolgellau—y gyntaf o gyfres led-led Cymru—oedd tynnu sylw pobl Cymru at y ffordd yr anwybyddir hawliau'r iaith Gymraeg gan awdurdodau'r Llythyrdy Cyffredinol yng Nghymru ac ennill cefnogaeth pobl Cymru gyfan i'r ffenestr a thynnwyd llenyddiaeth Saesneg y llythyrdy o'u blychau yn un llanastr dan draed.

Ataliwyd gwaith y llythyrdy yn llwyr.

Ar y grisiau tu allan ceisiodd Mr Cynog Davies ddarllen datganiad yn rhoi'r rhesymau dros y brotest: "Nid Cymdeithas yw hon sy'n ymhyfrydu mewn torri cyfraith ac yn cael blas ar herio awdurdod" meddai.

"Ond mae hi yn Gymdeithas sy'n credu bod cyfiawnder llwyr dros wneud hynny pan fo pob dull arall o sicrhau urddas a pharch a statws i'r iaith Gymraeg yng Nghymru wedi methu".

174

175

173.   Protest yn Nolgellau.

174.   Protest Cymdeithas yr
Iaith yn Abertawe — rhan o'r
ymgyrch i gael arwyddion
ffyrdd dwyieithog.

175.   Sgwrs â Meirion Edwards. Dyma ran o gyfweliad rhwng
Saunders a Meirion Edwards ar y teledu 9 Awst, 1968.

'...Dulliau Trais! Rhaid i chi beidio cymysgu y math yna o
ddefnyddio trais anghyfreithlon â sôn am drais fel offeryn
politicaidd. 'Rydw i'n credu'n bersonol fod trais gofalus, ystyriol,
cyhoeddus, yn arf angenrheidiol yn aml i fudiadau cenedlaethol. Yn
angenrheidiol i amddiffyn tir, i amddiffyn dyffrynnoedd Cymru
rhag 'u treisio yn gwbl anghyfreithlon gan lywodraeth, a chan
gorfforaethau mawrion yn Lloegr. Yr ydw i'n meddwl, er enghraifft,
bod Tryweryn, Clywedog, Cwm Dulais yn awr, yn ymosodiadau
nad oes dim cyfreithloni arnyn' nhw yn foesol o gwbl. Tydi'r ffaith
'u bod nhw wedi'u penderfynu gan Senedd Loegr ddim yn rhoi dim
hawl moesol iddyn' nhw. Ac, felly, 'rydw i'n credu bod unrhyw
ddull sydd yn rhwystro y treisio anghyfrifol yna gan gorfforaethau
yn Lloegr ar ddaear Cymru yn gwbl gyfiawn...
Edrychwch chi ar hanes Ymerodraeth Loegr sydd wedi toddi yn
ystod yr hanner canrif diwetha yma yn gyfundrefn o genhedloedd
Prydeinig. Erbyn heddiw y mae arlywydd, neu brif-weinidog neu
bennaeth ar bob un o'r gwledydd sydd yn perthyn i'r gyfundrefn
yna o genhedloedd Prydeinig, yn arlywydd neu'n brif-weinidog, yn
eistedd gyda'r Frenhines a chyda Prif-Weinidog Lloegr, mewn
cynadleddau, ac y mae pob un ohonyn' nhw wedi bod yng
ngharcharau Lloegr, pob un. Wedi'u condemnio i flynyddoedd o
garchar, am drais. Pob un. A heddiw mae Lloegr a'i Llywodraeth a'r
holl Wasanaeth Sifil ucha' yn ymgreinio o'u blaen nhw, ac yn rhoi
iddyn' nhw bob bri a pharch.
Treiswyr sydd yn 'i chipio hi. Mae Llywodraeth Loegr yn deall iaith
trais. Tydi hi'n deall dim iaith arall mewn gwleidyddiaeth.'

o *Barn,* 1968

91

176

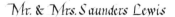

TRWY ORCHYMYN
Y FRENHINES

BY COMMAND OF
THE QUEEN

Fe gyfarwyddir yr Iarll Farsial i wahodd   The Earl Marshal is directed to invite

Mr. & Mrs. Saunders Lewis

i fod yn bresennol yng Nghastell Caernarfon   to be present at Caernarvon Castle
ar y dydd Cyntaf o Orffennaf 1969   on the First day of July 1969

Norfolk.
Earl Marshal

177

Sylwadau ar yr Arwisgo.

Englynion y Clywed

A glywaist ti gân Thomas,
O'r croesaniaid y Primas:
Harold, fy nghig a'm potas.

A glywaist ti gân Elystan
Yng nghoridor San Steffan:
Gwyn fyd Gwynfor asgre lân.

A glywaist ti gân Cledwyn
Rhwng Penrhos a Rhoscolyn:
Rio Tinto Fôn Felyn.

A glywaist o Dŵr yr Eryr
Ffair aer estron annifyr
Ar ocsiwn i Americanwyr?
1969

178

176.   Y gwahoddiad nas derbyniwyd!

177/178.   Dafydd Iwan a
Saunders yn y cinio i
anrhydeddu J.R. Jones ychydig
cyn ei farw yn 1970.
Wrth gyfeirio at *Ac Onide*
dywedodd Saunders 'Y mae'r
penodau mawrion sydd yma yn
fuddugoliaeth ac yn gân'.

179.   Yr ymdrech yn parhau.
Fel rhan o'r ymgyrch i geisio
sicrhau sianel deledu Gymraeg
achosodd tri aelod blaenllaw o
fywyd academaidd Cymru
ddifrod i fast teledu ym
Mhencarreg.

179

ACHOS Y TRI

CYFARCH

Eto mae elwch,
Nid af dan bwdu i'r llwch;
Mae'r deugain mlynedd o Gymru glên
A'r cyfreithlondeb marwol ar ben;
Mwy, os bydd marw, bydd gwaed
Nid llysnafedd dan draed;
Ni chredais y gwelwn yr awr—
Taflwyd carreg at gawr;
Pendefigion ein Planed,
Pennar, Meredydd, Ned.

Pennar Davies

Meredydd Evans

180

181

180. Cinio ac araith i
anrhydeddu David Jones.

181. Yr araith.

182

MCCLXXXII
ER·FYTHOL·GOFAM
EIN·HARGLWYÐ
TYWYSOG
LYWELYN
A P·GRVFFVÐ.
LVX·PERPETVA
LVCEAT·E I.
I·SAVNDERS
OÐI·WRTH·DAFYD
VNFED·DYÐAR·ÐEG
O·FIS·RAGFYR
MCMLX

183

182.   Arysgrif gan David Jones.
Gwnaethpwyd yr arysgrif hon
yn arbennig i Saunders gan
David Jones.

183.   Medal y Cymmrodorion.

184

185

Vin de Primeur.

Sut i yfed Beaujolais eleni.

Ei yfed yn oer.

Ei yfed oll ar un pryd. Nid yw'n
cadw yn da.

Nid Llymaid ar y tro ond Llond ceg
a'i daflu dros y dannedd a'i lyncu;
wedyn aros foment i'r blas lenwi'r ceg.

Ffasiwn a gychwynnodd ychydig
flynyddoedd yn ôl ym Mharis.

184.   Yn nerbyniad Cyngor
Celfyddydau Cymru yn 1969
pryd y cyflwynwyd prif wobr y
Cyngor i Waldo Williams.

185.   Beaujolais Nouveau
Nodyn o gyfarwyddyd i Mair
ynghyd ag anrheg o win.

186

186. Llythyr at Elsie,
Bodednyfed, yn sôn am y nofel
Merch Gwern Hywel.

Llythyr at Elsie, Bodednyfed, Amlwch:

24.XI.I963

Annwyl Elsie,

Yr wyf newydd offfen fy nofel fer(fer iawn) ar William
a Sarah Roberts, Amlwch. Nid ydwyf yn meddwl y daw hi o'r wasg
cyn tua dygwyl Dewi nesaf. Mi fentraf ddweud un peth amdani- na
bydd ar neb o ddisgynyddion William a Sarah Roberts unrhyw gŵyn o
gwbl yn ei herbyn hi.

Rwan! y rheswm am y llythyr yma yw cael eich caniatâd chi plîs i
roi'r geiriau yma ar flaen y nofel pan ddaw hi o'r wasg(Teitl y nofel
yw Merch Gwern Hywel):-

     "Cyflwynaf y stori hon i ddwy o orwyrion Merch Gwern Hywel
        sy'n byw yn Bodednyfed, Amlwch."

Mi fydd hynny'n rhoi pleser mawr imi, er mwyn yr holl hen gysylltiadau.
Mi sgrifennais i ddwy gomedi yn dychanu yn y ddwy flynedd diwethaf.
Bu raid i'r B.B.C. dynnu'r gyntaf yn ôl ar ôl ei theledu oblegid cwyn
am athrod. Wedi darllen yr ail ofnodd y B.B.C. y byddai achos athrod
yn honno hefyd! Felly mi ddigalonnais i a throi oddi wrth ddramâu.
Gallaf roi fy ngair am un peth- y mae'r nofel hon yn gwbl glir oddi
wrth athrod ar neb ac mi fydd y Methodistiaid yn meddwl fy mod i wedi
dyfod yn ôl yn gyfangwbl atynt.

Nid dyna'r gwir. Nes i'r gwir ydy nad ydwyf i erioed wedi eu gadael.
Fy nghofion atoch yn gu.

Saunders

187

188

189

190

191

187. Gwernhywel.
Aeth Moses Griffith i Wernhywel ac anfonodd ddisgrifiad o'r fferm a'r ardal ar gyfer y nofel *Merch Gwern Hywel*.

188. Beddau teulu Gwernhywel yn Eglwys Ysbyty Ifan.

189. Lisabeth Miles a John Ogwen yn *Merch Gwern Hywel*.

190. Penwythnos Gregynog. Llun a dynnwyd yn Ysgol Breswyl Lenyddol Gregynog, Gorffennaf 1968, gan Robin Griffith. Trefnwyd yr Ysgol gan Gymdeithas y Celfyddydau yng Ngogledd Cymru. Yn y llun gwelir: Mrs Moyra Williams, Gors-las, Mr J.O. Jones, Porthaethwy, Saunders, Mr Islwyn Williams, Gors-las, Miss Gwenllian Lloyd Evans, Hen Golwyn, Mrs Janet Jones, Porthaethwy, Miss Rhiannon Davies, Llansannan. I bawb yno roedd ei ddarlleniad dramatig o'r *Cyrnol Chabert* yn fythgofiadwy.

191. Tudalen o lawysgrifen wreiddiol *Y Cyrnol Chabert*.

192

192.   *Branwen,* Lisabeth Miles,

Mae Lisabeth Miles yn gyfrifol am ddiwedd *Branwen* gan fod
Saunders wedi gofyn iddi pa ffordd y byddai hi'n hoffi marw.
Atebodd Lisabeth yr hoffai ladd rhywun cyn marw ei hunan. A
dyna fel y bu:

Branwen: Mi ddaru ti losgi dy blentyn dy hun.
Efnisien: Nid fy miwsio i wyt ti?
Branwen: Dyna oedd 'y ngorfoledd i. 'Roeddet ti gyda mi yn Iwerddon.
           Wyddwn i ddim tan hynny 'mod i'n dy garu mor enbyd.
           'Roedden ni'n dau ar orsedd Iwerddon. Mi rois i o iti i'w
           gusanu...Fe'i teflaist i'r tân.
Efnisien: Does dim i'w ddweud...Does dim i'w wneud...Mae bywyd yn
           greulonach na rhaid.
Branwen: Rhodd Duw i'r Diafol yw dynion.

(Y mae ef yn ei chofleidio hi a hithau'n gwasgu ei chyllell i'w galon ef. Y
mae Efnisien yn syrthio i'r llawr gyda ochenaid. Mae hi'n edrych arno.)

Branwen: Oy o Fab Duw. Gwae fi fy ngeni.

(Mae hi'n gwasgu'r gyllell i'w mynwes a'i thaflu ei hun arno)...

193a.   *Gymerwch chi Sigaret?* Emyr Jones a Siân Phillips,
Llangefni 1955.

193b.   Darn o'r ddrama *Gymerwch Chi Sigaret?*

193a

193b

MARC (*gan dynnu blwch sigareti o boced ei wasgod yn sydyn*) :
'Gymeri di sigaret?

IRIS : Gyda'r gwin? Na wnaf, diolch; o barch i Tada. Fe fyddai'n troi yn ei fedd, os cafodd e' fedd . . . Beth yw hwnna? Blwch sigareti newydd? Ble prynaist ti ef? Dyro ef imi i gael ei weld.

MARC : Na. Mae gen' i un arall yr un fath.

IRIS : Un arall? Mae gennyt ti ddau?

MARC : Mi gefais fenthyg y ddau i fynd i Vienna.

IRIS : Dim ond eu benthyg? Gan bwy?

MARC : Gan fy mhennaeth yn y swyddfa, y Cyrnol Krechlen.

IRIS : Blwch arian? neu blatinwm? Dyro weld.

MARC : Na wnaf yn wir. 'Fentrwn i mo'i roi yn dy law di.

IRIS : Pam? Fe'i cei'n ôl.

MARC : Pistol yw e'.

IRIS : Pistol?

MARC : Pistol trydan. Mae'r baril a'r bwled ynddo ar ochr y colyn. Mae botwm ar ymyl y cas yma dan fy mawd i. Gellwch gynnig sigaret i ddyn fel hyn, mae yntau'n estyn ei law i'w chym- ryd: 'does raid ond pwyso bawd ar y botwm ac fe'i saethir ef ag un ergyd drwy ei galon. Y peth pwysicaf yn y ddyfais yw nad oes dim sŵn o gwbl. Mae'r ergyd yn hollol ddis- taw. Mi fûm i'n profi'r peth y bore 'ma. Mi saethais drwy ddrws derw trwchus heb i bed- war ohonyn' nhw yn y stafell nesaf glywed dim. Dyfais electronig. Mae'n newydd sbon. Y math o bistol a fuasai'n ffortiwn i ni yn y fyddin gudd bum mlynedd yn ôl.

194

194. *Siwan:* Clifford Evans a Siân Phillips.

Gwleidyddiaeth oedd ein priodas ni, arglwyddes,
A rhyngom ni 'roedd bwlch o chwarter canrif.
Wel, dyna'r arfer, mae'n sail i gynghrair
A chytgord gwledydd, cyd-odde, cyd-adeiladu.
Ond pedair blynedd wedyn, pan ddaethost ti
yn wyry i Eryri fel bedwen ir,
Fe droes fy nghalon i'n sydyn megis pe gwelswn y Greal:
I mi 'roedd goleuni lle y troedit.

'Does dim allwedd i galon;
'Does neb ar y ddaear yma'n deall ei gilydd;
Y gŵr sy'n cofleidio'r wraig a'r wraig sy'n ateb â'i chusan
Dwy blaned sy'n rhwym i'w cylchau; 'chlwyan' nhw mo'i gilydd fyth.

30/9/1953.

F'annwyl Fair,
Diolch yn fawr am dy lythyr a'i newyddion diddorol...'Rwyf wedi
cymryd 2 docyn ar gyfer Emlyn Williams, nos Fawrth. 'Rwy'n
brysur yn ysgrifennu drama radio o'm heiddo fy hun ar Lywelyn
Fawr a'i wraig Siwan, merch y Brenin John o Loegr.
'Rwyf wedi ei haddo erbyn diwedd y flwyddyn.
Y mae'n ddrama ardderchog, wedi ei hysgrifennu'n wych, y peth
gorau y mae'r awdur dawnus hwn wedi ei ysgrifennu erioed ac ati.
Ond byddai Siân yn udo wrthi, am imi roi ynddi lawer o
gerddoriaeth a biwglau a thabyrddau'n curo, heb sôn am hongian
dyn bach ifanc neis a ddaliwyd mewn godineb.

Eich tad,
S.L.

195

195. *Yn y Trên*, 1965. Charles Williams a Frank Lincoln yw'r actorion.

Gard:	*Tocyn i Aberystwyth ofyn'soch chi*
Teithiwr:	*Fi? Freuddwydiais i rioed yn 'y myw am godi tocyn i Aberystwyth. Aeth neb erioed i Aberystwyth heb fod rhaid.*
Gard:	*Y nefoedd fawr! A beth oedd eich busnes chi yng Nghynwyl Elfed a 'mod i mor hy â gofyn?*
Teithiwr:	*Fy musnes i yng Nghynwyl? Disgyn o'r trên. Ei weld o'n lle bach hyfryd i ddisgyn o'r trên.*
Gard:	*Doedd gennych chi ddim busnes arall yno?*
Teithiwr:	*Pa fusnes arall sy'n bosib i ddyn mewn trên?*
Gard:	*Ond wedi cyrraedd?*
Teithiwr:	*Ie 'ntê? Wedi cyrraedd, fel y gwelson ni, y gamp ydy aros. Does dim modd. Rydyn ni wedi'n dal. Rhaid mynd gyda'r trên yn y trên. Tynged y trên ydy'n tynged ninnau. Does dim sefyll. Mae hi'n daith heb ddiben iddi ond diben y trên. Does dim dianc. Rydyn ni'n gweld stesion fach ddymunol, mangre tawelwch, nefoedd fach wag, ac yn penderfynu codi pabell yno, lle ni ddaw fyth na phry copyn gwenwynig nac aelod seneddol. Ond ymlaen yr â'r trên, ymlaen i raeadr Caradog a'r dibyn erchyll a'r diwedd diystyr.*

196a

196b

MORDECAI :	A heddiw 'rwyt ti'n frenhines yn gwisgo coron yr ymerodraeth.
ESTHER :	'Does dim coron ar fy mhen i 'rwan. 'Fydda' i byth yn ei gwisgo hi ond pan ga' i 'ngalw at y Brenin.
MORDECAI :	'Ydy dy ddyrchafiad di wedi dy wneud di'n rhy falch i hitio am dynged dy bobl ?
ESTHER :	'Welaist ti fi'n falch ? 'Welaist ti fi'n ddihitio ? 'Oes angen bod yn greulon ? Petaut ti ond yn gwybod mor unig ydw' i yn y palas yma. 'Rydw i'n alltud ymhlith alltudion Judah.
MORDECAI :	'Wyt ti'n barod i arddel dy genedl yn awr ei chyfyngder ?
ESTHER :	Dy bobl di yw fy mhobl i a'th Dduw di fy Nuw innau.
MORDECAI :	Pwy sy'n gwybod nad ar gyfer y fath amser â hwn y daethost ti i'th frenhiniaeth ?
ESTHER :	Be' fedra' i ei wneud ?
MORDECAI :	Mi gefais i freuddwyd neithiwr.
ESTHER :	Breuddwyd ? A neges ynddi ? O'r gora', dywed dy freuddwyd.
MORDECAI :	'Roedd 'na dwrw t'ranau a diwrnod tywyll, niwlog, cystudd ac ing, a thrallod mawr ar y ddaear. A dyma ddwy ddraig yn dyfod allan i ymladd ac yn gwneud sŵn i ddychryn y byd. Ac wrth y sŵn dacw'r holl genhedloedd yn paratoi i ymladd yn erbyn y genedl santaidd i'w difetha hi. Gwaeddodd hithau ar ei Duw, ac ar hynny mi darddodd ffynnon fechan, ac o'r ffynnon fe ddaeth afon fawr a goleuni a chodiad haul, a'r rhai isel yn cael eu dyrchafu

197

196a. *Esther* (1960) yn Gymraeg.
Esther: Lisabeth Miles; Harbona: Geraint Wyn Davies; Ahasferus: David Lyn; Haman: Conrad Evans.

196b. Darn o'r ddrama.

197. *Esther* yn Saesneg.
Esther: Margaret Whiting; Mordecai: Clifford Evans.

198. *Brad,* Tachwedd 1958: Emyr Humphreys, Emlyn Williams, Siân Phillips, Richard Burton, Hugh David, Gareth Jones, Meredith Edwards a Clifford Evans.

'Syr, mae adegau'n digwydd y mae galw ar gadfridog i fentro'n eithafol arwrol. Pa raid imi dweud wrthych chi? Ganrif a hanner yn ôl, ar y daith drwy'r eira o Mosco, ar noson olaf y flwyddyn enbyd honno, fe dynnodd y Cadfridog Yorck ei fyddin allan o gynghrair Napoleon, fe agorodd borthladdoedd Prwsia i elynion Ffrainc, yn groes i orchymyn ei ymerawdwr ei hunan, Ffredrig Wiliam. Y weithred honno a greodd yr Almaen fodern, y weithred fwyaf herfeiddiol yn holl gronigl y staff. 'Does dim ond esiampl Yorck all achub yr Almaen heno. Mae'r sefyllfa'r un fath. Mae'r angen yr un mor daer. Heno mae'r Almaen yn gweddio am ryw Yorck eto'n waredwr. A chithau, Gunther von Kluge, Marsial yr Almaen, onid chi yw ein Yorck?'

199. *Brad:* Stuelpnagel, Hofacker, Albrech, Kluge.

200. *Brad,* Dydd Gŵyl Dewi 1968: y Cadfridog Blumentritt: Dillwyn Owen; yr Iarlles Else von Dietlof: Gwenyth Petty.

200

201

201. *Dwy Briodas Ann,* 1975: Syr John Bulkeley: Stewart Jones; Ann
Bulkeley: Myfanwy Talog; John Elias: J.O. Roberts.

Syr John:	*...'fedri di sgwennu, Ann?*
Ann:	*Cymraeg a Saesneg, syr. Be' wnawn i yma heb lythyrau?*
Syr John:	*Wyt ti'n forwyn?*
Ann:	*Yn fy mlwyddyn gynta, syr.*
Syr John:	*Nid dyna rydw i'n ei ofyn...Wyt ti'n wyry?...Fuost ti'n caru yn y gwely?*
Ann:	*Naddo erioed...Ond pa hawl sy gennych chi i ofyn?*
Syr John:	*Peth prin yn dy ddosbarth di.*
Ann:	*Mi alwa i ar Mr Walter i dywallt i chi, syr.*
Syr John:	*Mi ofynnais i ti dywallt.*
Ann:	*Mae gen i'r llestri i'w golchi.*
Syr John:	*Dos ymlaen...'Wnei di 'mhriodi i, Ann?*
Ann:	*Tad annwyl!...Gwnaf.*

(Mae hi'n chwerthin yn dawel)
Syr John: Pam rwyt ti'n chwerthin?

John Elias:	*...Dyna ydy henaint, dadrithiad a siom ac unigedd.*
Ann:	*Dyna'r hyn y byddwch chi'n ei alw yn eich seiat yn addfedu i'r byd arall.*
J.E.:	*Rydach chi'n fy ngwatwar i?*
Ann:	*Be wnawn ni ag ofn ond ei watwar?*
J.E.:	*Fedra i ddim gwatwar unigedd.*
Ann:	*Mae gennych chi fab a merch.*
J.E.:	*Pwyso mae plant, nid cynnal.*
Ann:	*Mae pwyso'n chwalu unigedd.*
J.E.:	*Be wyddoch chi am unigedd?*
Ann:	*Does gen i na mab na merch.*
J.E.:	*Ledi Bulkeley, wnewch chi 'mhriodi i?*
Ann:	*Tad annwyl, gwnaf.*

(Mae hi'n chwerthin yn dawel)
J.E.:   Pam rydach chi'n chwerthin? Rydw i o ddifri.

202

203

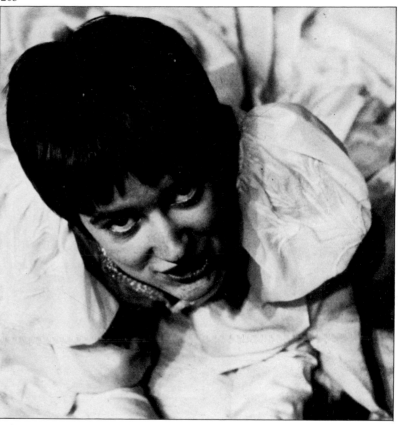

202/203.   Siwan, wyres Saunders, yn cymryd rhan Blodeuwedd.

Bydd dawel, fron anesmwyth, daeth dy awr...
Er plygu flwyddyn o dan foesau llys
A defod dynion, 'ddeil hyn mono' i 'n hwy.
Cyffro a rhyddid yw f'elfennau i,
A'm deddf yw chwant, y chwant sy'n gyrru'r had
I chwalu'r pridd a'i ceidw rhag yr haul.
Mae ynof innau egin sy'n mynnu dydd
I dyfu'n fraisg a cheinciog uwch y llwyn
Heb gyllell neb i'w docio. Ac i mi
Gwn fod y marchog hwn yn herodr nwyd.
Mi adwaen fiwsig corn: nid gwefus fain
Fy ngŵr a chwythodd y fath hoyw lef,
Ond llawn wefusau cochion, blysiog, brwysg,
Cymheiriaid gweddus fy ngwefusau i.

204a

204b

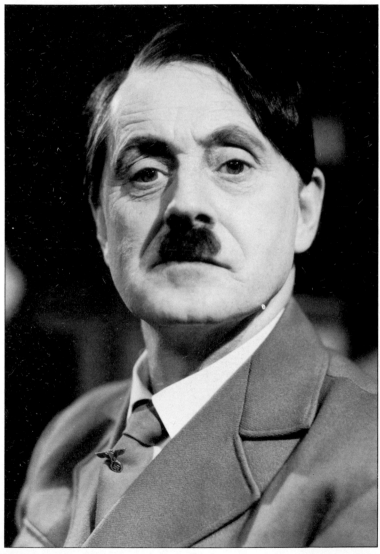

(Clvir gweiddi Heil Hitler o'r tu allan ac y mae'r dorf yn prysur
agosáu. Agorir y drws a daw Brauchitsch a Paul Schmidt a chynifer o
swyddogion ag y gellir i mewn, ac yna HITLER. Mae'r swyddogion gyda
Halder yn sefyll gard a'r lleygwyr, Hilda aSchacht a Schmidt yn
rhoi'r salŵt Nazi)

HITLER: Dyma ni yn y Swyddfa Ryfel, cartre'r moch heddychwyr. Rwyf innau'n
   yn mynd oddi yma i gyfarfod eich cefndryd o Lundain a Pharis.
   Mynd i ddwyn heddwch parhaol i Ewrop, myfi a dyn yr ymbarèl...
   (Chwerthin mawr, ac amryw o'r swyddogion yn ymuno ynddo)
   Ha, Halder, pennaeth y genfaint!

HALDER: Mein Fuehrer?

HITLER: Mae'r trefniadau i'r fyddin yn sefyll. Bydd y Corfflu Cyntaf yn
   symud yfory. Ond mae un cyfnewidiad. Peidiwch â rhoi'r tanciau
   ar y blaen na'r gynnau mawrion. Rhowch y band i arwain, ac fe
   gaiff y bechgyn ddawnsio'u ffordd i'r Sudetenland i sain y
   Badenweiler Marschlied.. ..Ha Beck!

Beck (gan sefyll gard):Fuehrer?

HITLER: Beck, proffwyd y trychinebau! Pwy oedd yn iawn, Beck, pwy oedd
   yn iawn?

BECK: Chi oedd yn iawn, Fuehrer. Eich awr chi yw hon a gallu'r
   tywyllwch.

   (Mae Hitler yn chwerthin fwyfwy a daw sŵn y Marschlied, ac yntau
   yn dawnsio dan chwerthin hyd at y

T E R F Y N

204a. *1938:* drama olaf Saunders (1978).
Hitler: David Lyn.

204b. Copi o'r deipysgrif.

205a/b. Sylwadau ar ddrama gynharach.

205b

February 22, 1957   RADIO TIMES   9

Drama ar gyfer Gŵyl Ddewi

Darlledir 'Buchedd Garmon' ar Ddydd Gŵyl Ddewi ac yn yr erthygl hon esbonia'r awdur, SAUNDERS LEWIS, paham y mae'r ddrama mor briodol i 1957 ag ydoedd i 1937 pan ddarlledwyd hi gyntaf

SYR RHYS HOPKIN MORRIS oedd pennaeth Talaith Cymru o'r Gorfforaeth Ddarlledu Brydeinig ar y pryd. Ef a roes gennad i Mr. Owen Parry i ddyfod ataf ddechrau mis Tachwedd, 1936 a gofyn imi sgrifennu drama radio ar gyfer ei darlledu Wyl Ddewi 1937. A gaf i ddweud eto'n awr fod dewrder ac antur a mawrfrydigrwydd Syr Rhys Hopkin Morris ar y pryd—canys yr oeddwn i'n bur ysgymun gan y mwyafrif yng Nghymru—yn rhywbeth na allaf i lai na synnu ato hyd yn oed heddiw.

Yr oedd y Parchedig Lewis Valentine a Mr. D. J. Williams a minnau newydd fod ar ein prawf yn y llys yng Nghaernarfon am inni losgi'r ysgol fomio yn Llyn. Penderfynasid symud yr achos wedyn i'r Old Bailey yn Llundain. Byddai hynny ddechrau Ionawr. Yr oedd gennym ddeufis o ryddid.

Dyna'r adeg y dewisodd Syr Rhys a Mr. Parry ofyn imi ysgrifennu drama radio—a deufis o amser yn unig.

Hawdd gweld yn y ddrama ddrych o'n sefyllfa ni'n tri ar y pryd. Hawdd gweld ynddi gais i amddiffyn ein bwriadau a'n cymhellion. Drama gyfoes yw hi, wrth gwrs, yn trafod argyfwng Cymru yn 1937—ac y mae'r sefyllfa yn 1957 yn fwy ychydig o bwys—er mai 429-30 yw dyddiad ei digwyddiadau hi. Yr oeddem ni'n tri ar y pryd yn bwrw y byddai'n haros ni allan o Gymru yn estyn dros rai blynyddoedd. Tybiais innau gan hynny wrth fynd ati i gyfansoddi *Buchedd Garmon* mai hon fyddai fy siawns olaf i ddweud dim o bwys fyth mwy yn Gymraeg; a diau mai rhai o'r Lefiaid academig yr oeddwn i'n eu gadael ar fy ôl a oedd yn fy meddwl wrth sôn am y gwr llên yn

Ennill ohono ei hun ei nefoedd ei hun
Mewn hunan-foddhad diysgog
Yn nydd goresgyniad y Goth.

Cofiaf yn dda'r darllediad cyntaf, nos Fawrth, 2 Mawrth 1937. Wedi cloi pawb yn ei gell yn Wormwood Scrubs fe agorwyd i ni'n tri a chawsom fynd gyda'n gilydd i'r stafell adloniant i wrando'r ddrama. A chyfaddef y gwir, ni wnaeth y ddrama ei hunan unrhyw argraff o gwbl ar fy meddwl i. Ond cael bod gyda'n gilydd, y tri ohonom, mewn tawelwch a hamdden, a gwrando ar y lleisiau Cymraeg o Gymru a miwsig Arwel Hughes yn dathlu Gwyl Ddewi, yr oedd hynny yn ddarn bach o nefoedd. Mi ddaliaf ar y cyfle hwn i ail-ddweud ein diolch ni'n tri i'r gwr mwyn o Sais a oedd yn Llywodraethwr yn Wormwood Scrubs am ei gydymdeimlad a'i haelioni.

'Yr wyf wedi tawelu . . .'

Bid sicr, nid drama mohoni chwaith yn ôl y diffiniad cyffredin, eithr math o basiant i'r glust. Bûm yn ei darllen yn awr, wedi cael rhodd o gopi gan Arwel Hughes. Wel, mi ymgroeswn heddiw rhag ysgrifennu'r farddoniaeth areithyddol sydd ynddi. Gallech dybio ei bod hi wedi ei chyfansoddi'n unswydd ar gyfer cystadleuthau adrodd yr Eisteddfod Genedlaethol. Mae'n rhaid fod annerch llysoedd barn a dal pen rheswm gyda'u Barnwr Lewis wedi mynd yn ail natur imi ar y pryd. Yr wyf wedi tawelu dipyn ers ugain mlynedd. Y darn o'r ddrama sy hoffaf gennyf i fy hun yn awr yw'r disgrifiad o Auxerre:

Ai gardd yw pob dinas yng Ngâl?
Edrych y llannau hyn, a'r gwinwydd yn
   dringo'r llethrau
O'r afon hyd at fur y fynachlog . . .
Nid oes neb ar yr heol, a gweigion yw'r
   gwinllannoedd.

Atgof yw hwn-yna o'r prynhawn yr eisteddais i gyda'r Athro P. M. Jones uwchben yr afon yn Auxerre a synio ar y wedd a fuasai ar y dref yn

amser Garmon esgob. Atgof hefyd a geir yn y disgrifiad o wasanaeth cysegru'r Esgob Lupus a'r wledd fawr ar ôl hynny. Buaswn innau rai blynyddoedd cyn hynny yn westai gyda'r diweddar Thomas Gwynn Jones yng nghysegriad yr Esgob McGrath yng Ngwrecsam ac mewn cinio cofiadwy yn y Wynnstay wedyn. Ni welais i'r bardd mawr hwnnw erioed gymaint wrth ei fodd ag ydoedd yng nghanol y llu mawr o gedyrn offeiriaid Catholig a'r llu mawr o gedyrn ddiodydd Bwrgwyn.

Fe welwch felly, o'i dadansoddi hi, mai pentwr o atgofion o lawer math, a hefyd rhyw fath o apologia, a hyd yn oed o gerdd ffarwel, oedd *Buchedd Garmon.*

Aeth ugain mlynedd heibio. Yr hyn sy'n boen yw bod thema ac achlysur y ddrama mor briodol i 1957 ag ydoedd i 1937. Nid enillasom ni ddim oll.

205a

7.0 'BUCHEDD GARMON'

gan Saunders Lewis
gyda cherddoriaeth gan Arwel Hughes

Garmon	W. H. Roberts
Paulinus	Emrys Cleaver
Illtud	Dillwyn Owen
Porthor	Emyr Jones
Lupus	Brinley Jenkins
Padrig	D. L. Davies
Capten y Llong	Prysor Williams
Plentyn	Dwyryd Wyn Jones
Mam	Dilys Davies
Efrydd	Conrad Evans
Emrys Wledig	Wyn Thomas
Cennad	Cynddylan Williams

ac aelodau o
Gwmni Repertori Cymreig y BBC
gyda'r Cantorion Cymreig
a Cherddorfa Gymreig y BBC
Dan arweiniad Arwel Hughes
Y cyfarwyddo
gan Wilbert Lloyd Roberts
(Recordiad y BBC)

206. Y Pen.
Cerflun o Saunders Lewis gan Ivor Roberts-Jones a gomisiynwyd
gan Ymddiriedolaeth Cerfluniau Cymru ac a gyflwynwyd i
Amgueddfa Genedlaethol Cymru yn 1984. Cedwir replica o'r
cerflun hefyd yn Llyfrgell Genedlaethol Cymru, Aberystwyth.

Gweddi'r Terfyn

Mae'n brofiad i bawb na ŵyr neb arall amdano.
Pob un ar ei ben ei hun yn ei ddull ei hun
Piau ei farw ei hun
Trwy filiynau blynyddoedd yr hil.
Gellir edrych arno, gellir weithiau adnabod yr eiliad;
Ni ellir cydymdeimlo â neb yn yr eiliad honno
Pan baid yr anadl a'r person ynghyd.
Wedyn? Nid oes yn ymestyn i'r wedyn ond gweddi'n ymbalfalu.
Mor druan yw dyn, mor faban ei ddychymyg:
'Yn nhŷ fy nhad y mae llawer o drigfannau',
Cyn dloted â ninnau, yr un mor ddaearol gyfyng
Oedd ei athrylith yntau ddyddiau yr ymwacâd.
Ninnau ni fedrwn ond felly ddarlunio gobaith:
'Mae'n eistedd ar ddeheulaw Dduw Dad hollalluog' —
Cadfridog a'i orfoledd drwy ddinas Rufain
Wedi'r enbydrwydd mewn Persia o greadigaeth
A'i goroni'n Awgwstws, Cyd-Awgwstws â'i Dad —
Mor ddigri yw datganiadau goruchaf ein ffydd.
Ac o'n cwmpas erys mudandod a'r pwll diddymdra
Y syrth ein bydysawd iddo'n ddison ryw nos.
Ni all ein geiriau olrhain ymylon mudandod
Na dweud Duw gydag ystyr.
Un weddi sy'n aros i bawb, mynd yn fud at y mud.

1973.

206

207

208

PAVLVS VI PONT. MAX.

PRECIBVS NOBIS ADHIBITIS LIBENTI ANIMO CONCEDENTES, E QVIBVS TE ACCEPIMVS DE ECCLESIAE REIQVE CATHOLICAE

BONO ATQVE INCREMENTO BENE MERITVM ESSE, VT PATENS GRATAE NOSTRAE VOLVNTATIS TESTIMONIVM PROMAMVS, TE

Alexandrum Lewis

ex Archidioecesi Cardiffensi

EQVITEM COMMENDATOREM ORDINIS SANCTI GREGORII MAGNI

E CLASSE CIVILI ELIGIMVS, FACIMVS AC RENVNTIAMVS, TIBIQVE FACVLTATEM TRIBVIMVS PRIVILEGIIS OMNIBVS VTENDI, QVAE

CVM HAC DIGNITATE SVNT CONIVNCTA.

DATVM ROMAE, APVD S. PETRVM, DIE XIII *Aprilis* MCMLXXV.

J. Card. Villot

209

207.   Medal y Pab.

'Yn 1975, fe'i hanrhydeddwyd ef gan y Pab Paul VI, gan ei enwi'n Ben Marchog o Urdd Sant Gregori — un o'r anrhydeddau uchaf y mae'r Eglwys Gatholig yn ei ddyfarnu i leygwr. Ei ymateb ef oedd dychryn. Fe fynnodd ef gael gennyf addewid na fyddwn i ddim yn cyhoeddi'r anrhydedd yn y plwyf ym Mhenarth na dweud wrth neb enaid byw hyd at ei farw. Addo a wnes i a chadw'r addewid. Heddiw, yr wyf yn rhydd ac fe welwch chwi fathodyn yr anrhydedd ar

ei arch. Yr wyf yn falch fod yr Eglwys yr oedd yn aelod mor ffyddlon ac mor anghysurus ohoni wedi cydnabod ei fawredd tra oedd ef yn byw.'

O bregeth yr Esgob Mullins yn ystod Offeren Gladdu Saunders.

208.   Y Dystysgrif.

209.   Yr Esgob Daniel Mullins a gadeiriwyd yn Esgob Mynwy ar Wyl Sant Joseff 1987. Un arall o freuddwydion Saunders.

210

210.   Yr angladd.

'Ond fel coedwigwr praff yn dethol pren,
Tyrd ataf; cân a'th fwyall rybudd dwys,
A tharo unwaith, ddwywaith, nes bo'r cen
Yn tasgu, a'r ceinciau'n crynu, a chrymu'n pwys;
Dadwreiddia fi o'r ddaear, cyn y daw
Ffwrneiswaith y golosgwyr acw draw.'

o'r soned *Rhag y Purdan*, 1941.

Gwasanaeth Offeren y Meirw, 5 Medi, 1985

Ai'r Pabydd hwn,
rhwng estyll arch,
yn seiniau'r Lladiniaith
Ac anadl y thuser grog —
ai hwn ydoedd?

Ai hwn,
y corffyn brau
yn siffrwd yr offeiriadaeth wen,
a fentrodd mor heini i'w dynged ddrud
gan fwrw ei goelbren ar Dduw
a ffoli ar yr hyfrydwch digyffelyb?

Ai hwn
a enynnodd anesmwythyd
yn llenyddiaeth a gwleidyddiaeth gwlad?
Ai hwn a ledaenodd y goleuni glân?
Ai hwn oedd yn ddisglair,
yn dreiddgar,
ac a wrthodwyd?
Ai hwn a gadwodd y ffydd
ac a fu'n goelcerth
drwy'r drycinoedd oll?

Ai hwn
y corff bychan anwel
gerllaw'r allor?

Ai hwn a gyneuodd y tanau
sy'n llosgi byth?
Ai hwn a amgaewyd yma?

Ie,
Y Cymro hwn.
Yma y gorwedd yn ein plith
wedi enbydrwydd byd.
Oni seriwyd ei enw
ar ein meddyliau a'n calonnau?
Onid ef fu'n ein hymlid a'n caru
drwy lif y canrifoedd?
Oni lamodd atom
dros ffiniau pob gwahaniaeth a dieithrwch?
Oni roddodd inni nerth
ac undod ac uchelnod er pob rhyw chwerwder?
Oni welodd ein dechrau a'n diwedd,
ein tranc a'n parhad?
Oni fu ei hunan
yn aberth er ein mwyn?

Cyflwynodd inni ogoniant y dreftadaeth
a rhoddi rhuddin i'w hamddiffyn rhag y moch.
Goleuodd inni gadwyn bod.
Mewn arch nid oedd iddo garchar,
a dathlwn ei fywyd o'r newydd y dwthwn hwn,
y marchog diledryw
dan faner ei wlad,
Y Cymro hwn
a lafuriodd mor ddyfal yng ngwinllan ei ofal,
a'i loches yng nghalon Crist.

Gilbert Ruddock.

211

212

213

211/212. Dadorchuddio'r gofeb gan Mrs Valentine, Mair a'r Cynghorydd O.M. Roberts.

213. Y gilfach goffa gan Jonah Jones ar dir Penyberth i anrhydeddu'r Tri.

'Nid oedd ond un Llwybr... Llwybr Aberth. A dyna'r llwybr a gymerth y Tri.'

214

215

216

GWINLLAN · A · RODDWYD · I·M
· GOFAL · YW · CYMRU · FY · NGWLAD,
I·W · THRADDODI · I·M · PLANT
AC · I · BLANT · FY · MHLANT
YN · DREFTADAETH · DRAGWYDDOL:
AC · WELER · MOCH · YN · RHUTHRO
· ARNI · I·W · MAEDDU.
MINNAU · YN · AWR, GALWAF · AR
· FY · NGHYFEILLION,
CYFFREDIN · AC · YSGOLHAIG,
DEUWCH · ATAF · I·R · ADWY,
SEFWCH · GYDA · MI · YN · Y · BWLCH,
FEL · Y · CADWER · I·R · OESOEDD
A · DDÊL · Y · GLENDID · A · FU.

214.   Penyberth.

215.   Y Tri. Tynnwyd llun o'r
Tri yn ystod cinio yn
Abergwaun, 1968, sef y tro
diwethaf iddynt gwrdd. Roedd
Cymru dan driniaeth lem iawn
wrth iddynt drafod materion a
bywyd cyfoes yng Nghymru.

216.   Llythrennu gan Tegwyn
Jones (o Buchedd Garmon).

217

217.　Y Bedd ym mynwent Gatholig Penarth. Claddwyd Saunders yno 5 Medi, 1985. Yr oedd Margaret wedi ei ragflaenu o flwyddyn. Ar fore'r angladd, derbyniwyd telegram o gydymdeimlad:

'Ffarwel i'r Brenin.'

Lewis Valentine.

Gwelais y nos yn cau ei haden dros y waun,
Dros brin fythynnod brau, braenar, anfynych gûys,
A daeth y sêr a Chaer Arianrhod, firagl dwys,
I dasgu plu'r ffurfafen â'u mil llygaid paun.

Taenais aden fy mreuddwyd drosot ti, fy ngwlad;
Codaswn it — O, pes mynasit — gaer fai bêr;
Ond un â'r seren wib, deflir o blith y sêr
I staenio'r gwyll â'i gwawr a diffodd, yw fy stad.

1947

Rhai Dyddiadau

1893   Geni John Saunders Lewis yn 61, Falklands Road, Wallasey, ar 15 Hydref.
1901-11   Mynychu ysgol breifat Liscard High School for Boys.
1911-14   Myfyriwr ym Mhrifysgol Lerpwl yn astudio Saesneg.
1914-19   Gwasanaethu gyda'r South Wales Borderers yn Ffrainc a Gwlad Groeg.
1919   Wedi ei ryddhau o'r fyddin, ailddechrau'r cwrs yn y Coleg.
1920   Graddio â Dosbarth 1af.
1920-21   Yn Aberystwyth — ymchwil ar gyfer gradd M.A.
1921   Llyfrgellydd y Sir, ym Morgannwg.
1922   Ei benodi yn Ddarlithydd yn Adran y Gymraeg, Coleg y Brifysgol, Abertawe.
1924   Priodi Margaret Gilcriest.
1926   Llywydd Plaid Genedlaethol Cymru.
1933   Ei dderbyn i'r Eglwys Gatholig.
1936-37   Naw mis o garchar am losgi'r Ysgol Fomio ym Mhenyberth.
1938-52   Byw yn Aberystwyth.
1951   Cyflwyno iddo Fedal y Cymmrodorion.
1952-57   Darlithydd yn Adran y Gymraeg, Coleg y Brifysgol, Caerdydd.
1962   Traddodi'r Ddarlith Radio: Tynged yr Iaith.
1970   Derbyn Gwobr Cyngor Celfyddydau Cymru.
1975   Ei anrhydeddu gan y Pab Paul VI.
1983   Derbyn gradd er anrhydedd gan Brifysgol Cymru.
1985   Marw yng Nghaerdydd.

Rhai o'i Weithiau

1922   Gwaed yr Uchelwyr, Caerdydd
1924   Doctor ar ei Waethaf (cyf. o Le Médecin Malgré Lui, Molière), Wrecsam
1926   Egwyddorion Cenedlaetholdeb, Caernarfon
1927   Williams Pantycelyn, Llundain
1930   Monica, Aberystwyth
1932   Braslun o Hanes Llenyddiaeth Gymraeg hyd 1535 I, Caerdydd
1936   Paham y Gwrthwynebwn yr Ysgol Fomio, Caernarfon
1937   Buchedd Garmon. Mair Fadlen, Aberystwyth
1937   Paham y Llosgasom yr Ysgol Fomio, Aberystwyth
1938   Canlyn Arthur, Aberystwyth
1940   Amlyn ac Amig, Aberystwyth
1945   Ysgrifau Dydd Mercher, Aberystwyth
1948   Blodeuwedd, Dinbych
1952   Eisteddfod Bodran. Gan Bwyll, Dinbych
1956   Siwan a Cherddi Eraill, Llandybïe
1956   Cymerwch chi Sigaret? Llandybïe
1958   Brad, Llandybïe
1960   Esther. Serch yw'r Doctor, Llandybïe
1962   Tynged yr Iaith, BBC
1964   Merch Gwern Hywel, Llandybïe
1967   Cymru Fydd, Llandybïe
1968   Problemau Prifysgol, Llandybïe
1973   Meistri'r Canrifoedd, gol. R. Geraint Gruffydd, Caerdydd
1975   Dramâu'r Parlwr: Branwen; Dwy Briodas Ann, Llandybïe

Diolchiadau

Dymunaf ddiolch i Gymdeithas Gelfyddydau De-Ddwyrain Cymru am roi cyfle i mi osod y lluniau er cof am fy rhieni a'u Cymru annwyl hwy, ac i Gyngor y Celfyddydau am gyhoeddi'r gyfrol. Diolchaf i Dr Geraint Gruffydd am ei ragair, ei gyngor a'i gymorth parod gyda'r gwaith golygyddol ac i Mrs Mair Elvet Thomas am f'annog ymlaen ac am ei chefnogaeth. Bu Mrs Nan Griffiths o Gyngor y Celfyddydau hefyd yn gefn i mi trwy gydol y gwaith.

Tynnwyd nifer o luniau yn unswydd ar gyfer y llyfr gan Marian Delyth a fu'n fawr ei gofal â'r gwaith cynllunio. Yr wyf yn ddyledus hefyd i'r cyfeillion canlynol am wybodaeth ac am gael benthyg lluniau. Mrs Gwladwen Gwent Jones, Mrs Anne Edwards, gorwyres William Roberts, Amlwch; Mrs Maureen Davies, fy nghyfnither, a'm perthnasau yng Ngors-las, Mr David Watkins, Llyfrgellydd Dowlais; Mr George Owen, y BBC; Daniel Huws o'r Llyfrgell Genedlaethol; Y Chwaer Agnes, Wormwood Scrubs; Tegwyn a Beti Jones; Elisabeth Miles a Marion Arthur. Angharad Tomos a lwyddodd i ddarbwyllo perchnogion Plas Cadnant i roi eu caniatad i mi i gynnwys llun o'r tŷ yn y llyfr. Ond yn bennaf oll, diolch byth fod fy mam wedi cadw'r holl lythyron, lluniau, cardiau post ac ati.

Marian Delyth, 9, 76, 85, 116, 135, 138, 143, 144, 182, 183, 207, 211, 214.
Mrs Gwladwen Gwen Jones, 81, 84, 100, 105, 107, 112, 113.
Mrs Anne Edwards, 5, 26, 27, 107.
Dr Barrett Davies, 114, 115.
Mr Robert Wynne, 118, 119.
Tegwyn a Beti Jones, 177, 178.
Mrs Emily Davies, 202, 203.
Mrs Mererid Morris, 82.
Y Chwaer Agnes, 106.

Mrs Meinir Thomas, 133.
Jac Jones a Sain, 172.
Christine Ackers, 188.
Mrs Marion Arthur, 193.
Mr Robin Griffith, 190.
J.O. Williams, 187.

BBC, 175, 186, 189, 192, 194, 195, 196a, 197, 198, 201, 204a, 210.
Prifysgol Lerpwl, 31, 39, 41, 100, 105.
News Chronicle, 103, 110, 111.
Western Mail & Echo Cyf., 45, 97, 169, 170.
Llyfrgell Genedlaethol Cymru, 7, 145.
Y Ddraig Goch, 77, 78.
Bwrdeistref Merthyr, 91, 92.
Y Cyngor Llyfrau Cymraeg, 117.
Amgueddfa Werin Cymru, 99.
Y Cymro, 173.
Amgueddfa Genedlaethol Cymru, 206.
Plaid Cymru, 215.
Esgobaeth Mynyw, 209.
Cyngor y Celfyddydau, 184.
The Observer, Jane Bown, 1.

Mair Saunders